本书系湖南省资助规划课题“智能时代的乡村小规模学校发展研
湖南省规划课题“区域推进综合养成教育的实践研究”（XJK2

数智时代下
乡村小规模学校发展研究

张爱平　刘丰华◎著

湖南大學出版社
·长沙·

图书在版编目(CIP)数据

数智时代下乡村小规模学校发展研究 / 张爱平，刘丰华著. -- 长沙 : 湖南大学出版社，2024. 12.
ISBN 978-7-5667-3933-9

Ⅰ. G725

中国国家版本馆 CIP 数据核字第 202448972U 号

数智时代下乡村小规模学校发展研究

SHUZHI SHIDAI XIA XIANGCUN XIAO GUIMO XUEXIAO FAZHAN YANJIU

著　　者：张爱平　刘丰华
责任编辑：方雨轩
印　　装：长沙创峰印务有限公司
开　　本：710 mm×1000 mm　1/16
印　　张：13
字　　数：209 千字
版　　次：2024 年 12 月第 1 版
印　　次：2024 年 12 月第 1 次印刷
书　　号：ISBN 978-7-5667-3933-9
定　　价：56.00 元

出 版 人：李文邦
出版发行：湖南大学出版社
社　　址：湖南 · 长沙 · 岳麓山
邮　　编：410082
电　　话：0731-88822559(营销部)，88821343(编辑室)，88821006(出版部)
传　　真：0731-88822264(总编室)
网　　址：http://press.hnu.edu.cn
电子邮箱：501267812@qq.com

寄　语

在数智时代的大潮中，乡村教育正面临着前所未有的机遇与挑战。张爱平博士和刘丰华校长以其深厚的教育情怀和严谨的学术研究，深耕乡村小规模学校，探索出一条符合时代要求、具有乡村特色的教育发展之路。

本书凝聚了他们多年的心血与智慧，不仅为乡村教育的未来提供了宝贵的理论支撑，更为实践层面的操作提供了一种切实可行的方案。望此书能激励更多教育工作者投身乡村教育，共同推动教育高质量发展。

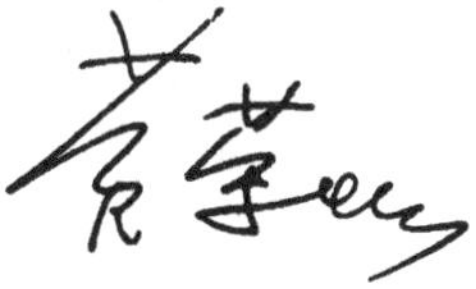

2024 年 12 月 18 日

黄荣怀，北京师范大学教授，博士生导师，长江学者。现任北京师范大学智慧学习研究院院长、互联网教育智能技术及应用国家工程研究中心主任、教育部教育信息化战略研究基地(北京)主任、联合国教科文组织“人工智能与教育”教席主持人，此外，还担任教育部教育信息化专家组秘书长、教育部教育数字化专家咨询委员会委员、中国教育技术协会第七届学术委员会主任、国家教材委员会科学学科专家委员会委员、教育部人工智能科技创新专家组成员、教育部“智慧教育示范区”创建项目专家组副组长、科技部科技创新 2030“新一代人工智能”重大项目管理专家组成员、国际期刊 *Journal of Computers in Education* 及 *Smart Learning Environment* 主编。

序
张爱平：博士校长的乡村实验

2016年，张爱平校长主动申请从湖南长沙高新区的城区学校调往当时全区教育最薄弱的乡村学校真人桥小学，担任这所只有6个班、100多名学生、10余名教师的乡村小规模学校的校长。张爱平说："我想以真人桥小学为实验样本，探索这些难题的解决之法。"

实验一："小钱"谋出"大彩"

到真人桥小学后，张爱平算了算，每年区里对这所已纳入拆迁规划的村小，投入资金在10万元左右。这些钱，主要用于不得不做的校舍修缮和设备添置。与那些动辄上百万元甚至千万元的投入相比，这不过是笔"小钱"，但是，这笔"小钱"却办成了不少事。

先说利用教学楼楼梯过道建设的文化长廊。"花钱不多，大概1000元，但成效显著。"张爱平特别推介的这个文化长廊，是学校结合本土特色、培育发展科普教育特色的亮点之一。

孩子们每天上楼下楼，看看文化长廊里的知识，欣赏同学的科技作品；再到学校书吧，随手拿本科普图书阅读。教室里，每一次科学课，都由张爱平落实。每年3个常态活动，创客节、科技节以及深入企业参观学习至少1次……对科学的兴趣，就在这种日常可见里，融入学生心里。

再说校门口的3张长凳。"淘宝上买的，总共900元。"张爱平说，"上下学接送孩子的家长里，有很多是爷爷奶奶，校门口有几张凳子，他们可以坐着休息一会儿。”

更贴心的举动还在后面。张爱平利用课余时间走访了全校70%以上的家庭，“校长家访”让张爱平直观地了解了真人桥小学的生源构成情况：24%为外来务工人员子女，20%为留守儿童。

每日清晨，他站在校门口，用微笑迎接师生入校；每日午餐，他总是与孩子们在一起吃一样的饭菜，听他们评价当日饭菜的味道，想着怎样改进；每日放学，他又站到校门口，微笑着与学生道别……

实践证明，与大手笔的投入相比，贴心的情感付出，更能留住家长的心。

这几年，学校招生区域因征地拆迁缩小了一大半，可学生数量并没有明显减少，反而在增加。甚至有的学生已搬家，家长还是愿意把孩子继续放在真人桥小学，宁肯早晚接送。

实验二：“老师”蜕变“优师”

10名在岗在编教师，平均年龄50岁，有4人即将在3年内相继退休。面对这支老教师队伍，张爱平直言“挑战巨大”。不过，挑战背后也藏着机遇。

一番思考过后，张爱平拿出了一套师资方案：将现有队伍细分为3类。第一类是资深教师，“我将他们定位为办学顾问”；第二类是中年教师，“我将他们定位为教学骨干”；第三类是青年教师，“我为他们寻找成长舞台”。

张爱平想推进艺体特色教育，而“选什么项目、师资从哪里来”成为“拦路虎”。他向资深教师、老校长邢志刚征求意见。“要不就篮球吧。”58岁的邢志刚甚至主动提出当教练。从这以后，每天一大早，邢志刚便带着队员们跑步、做操、练体能。同时，他还坚持每周上15节课。所有努力，终有回报。2018年，邢志刚带领的校篮球队获得了全区比赛第三名。

“这对于整个六年级只有9名男生的真人桥小学来说，真的挺不容易。”张爱平特别感谢邢老师的付出。而在邢老师的心中，每当学校遇到重大事件，张爱平都会向他们这些资深教师征求意见，虚心听取他们的建议，是这份尊重，再次焕发了“我们的校园青春”。

面对中年教师，张爱平采取的策略是“压一压、夸一夸”，鼓励他们挑重担；面对青年教师，则是多为他们寻找各种赛课平台，展示自我、提升自我。

队伍激活了，张爱平与全体教师一道，开发了科普、音体美、传统文化等课程。针对本校极为短缺的音体美教师，他跳出校园“化缘”：从区内结对学校雷锋小学、雷锋新城实验小学，请来走教老师；从学校附近的艺术类培训学校，请来音乐、美术专业教师当志愿者。

从 2017 年开始，学校的美术课、音乐课，都有了专业老师任教；篮球、乒乓球、古筝、绘画等课外社团，也陆续开办起来。全校大部分学生都拥有了至少 2 项运动技能和 2 项艺术技能。

实验三：“独乐乐”走向“众乐乐”

“快则三年，真人桥小学就会易地搬迁到新校区，据说将是一所全新的现代化学校。”2020 年，秋凉的风拂过，张爱平站在校园里，回望这四年，他从不曾想过，这所校舍校貌、教学质量在当时高新区都属于垫底的学校，四年间的“变与不变”会如此鲜明。

四年里，学校投入没有激增，生源结构没有变化，师资配置遵循退一补一，但这所学校，却一改薄弱之面貌，成为一所精品小规模学校。

2017 年，该校春季学期的开学第一课“诗词擂主大赛”，甚至还上了中央电视台《新闻联播》；2019 年 1 月，高新区的六年级学业质量调研考试中，真人桥小学数学综合评价为全区第一，语文为全区第五；区里首届科技节上，学校夺得 7 项一等奖；10 名学生在“航天梦想家”科技创新大赛中获奖，6 名学生在长沙市青少年创客节比赛中获奖；学校还被区教育局定为首批“科技教育特色学校”，被授予“湖南省中医药文化科普教育基地学校”的称号……

学校口碑越来越好，吸引了不少教育管理团队前来学习。而在交流过程中，张爱平发现，像真人桥小学这样的乡村小规模学校，在全省乃至全国还有不少。大多数面临着投入不足、师资结构老化、学科配置不均衡、生源流失等问题。能不能组建一个联盟，把乡村小规模学校团结在一起，互相鼓励、共同进步呢？

2019 年，张爱平牵头成立了“全国乡村小规模学校优质发展联盟”。目前，共有全国各地 190 位乡村小规模学校校长加入联盟。“基本都是 6 个班或更小规模的小学校。”张爱平说，“校长们常常在群里讨论的，是如何立足现实，办出优质村小，促进乡村振兴。”

2019 年，张爱平作为主持人，申请的“面向智能时代的乡村小规模学校发展研究”立项为湖南省教育规划一般资助课题。随后，这位已工作 20 年、有 15 年在乡村的校长，继续坚定地选择“乡村小规模学校优质发展”作为自己研究与实践的人生课题。

赖斯捷

（原载于《中国教育报》2020 年 10 月 15 日第 6 版，有改动）

前言

近年来，随着我国城镇化程度逐步提高，200 人以下的乡村小规模学校已逐渐成为乡村小学的基本样态。我国先后出台了一系列聚焦乡村小规模学校提质的政策，较好地促进了乡村小规模学校良性发展。党的二十大报告指出，要“加快义务教育优质均衡发展和城乡一体化”。调查发现，当前乡村小规模学校与城区学校相比，依然普遍存在专业学科教师缺乏、教师队伍整体素质欠佳、课程开不齐开不好等问题，导致乡村小规模学校的教学质量不高。当今，随着大数据、人工智能等新技术的不断出现，人类社会已进入智能时代，给乡村小规模学校带来了新机遇。乡村小规模学校能否搭乘智能技术的快车，通过适配性应用多元数字资源，变革教学方式，缓解专业学科教师缺乏、教师队伍整体素质欠佳、课程开不齐开不好、教学质量不高等问题?

本书以长沙高新区真人桥小学为主要研究对象，以教学结构变革理论和智慧教育理论为指导，从多元数字资源适配性应用视角，立足乡村小规模学校现有条件，选择国家中小学智慧教育平台的个体任务型数字资源、电子白板课件库中协同构建型数字资源、微信小程序中的技能训练型数字资源等三种数字资源为研究案例，进行了三次问卷调查，经历了三轮行动研究，历时三年，研究乡村小规模学校怎样应用多元数字资源驱动教学方式变革，达到提高教学质量的目的。

科学推进教育信息化加速发展的基础工程和关键环节是数字教育资源的建设和共享。本研究发现：在智能时代，乡村小规模学校应用个体任务型数字资源、协同构建型数字资源、技能训练型数字资源能驱动教学方式变革；个体任务型、协同构建型和技能训练型数字资源各有优势，互为补充；适配并应用多元数字资源，对缓解乡村小规模学校存在的学科教师缺乏、教师队伍整体素质不高、课程开不齐开不好等问题有显著作用，能显著提升教学质量。

本研究的创新之处：针对乡村小规模学校普遍存在的教师配备难题与课程开设难题，创新性地提出适配性应用个体任务型、协同构建型、技能训练型等多元数字资源，驱动教学方式变革，构建了适合乡村小规模学校的教学新模式，找到了提升教育教学质量的新方法。

最后一章还分享了笔者在乡村小规模学校进行教育实验的办学故事案例，大部分成果曾发表在各级报刊，整合起来，可以更加清楚地、全面地呈现一所薄弱乡村小学的蝶变历程。

目　录

第一章

乡村教育实验的缘起与意义

第一节 研究缘起

2014年12月，笔者[①]通过公开招聘，从湖南省浏阳市城区一所优质小学考入长沙高新区麓谷小学任业务副校长，由一名骨干教师变成了一名学校的管理者，负责学校的德育、教学、教研等工作的管理。后来，笔者主动申请到全区教育最薄弱的乡村小规模学校任校长，开启了对乡村教育的实践与研究。

一、直面问题：怎样缓解乡村小规模学校专业学科教师缺乏的难题？

长沙高新区是国家级高新技术产业开发区，也是雷锋家乡所在地。园区内不仅有众多高科技企业，也有雷锋故居、湖南雷锋纪念馆等红色文化景点。为了促进教育均衡，长沙高新区实行一所城区学校与两所乡村小规模学校结成一个片区的模式，实行“捆绑”发展。一年后，雷锋小学帮扶的乡村小规模学校——长沙高新区桥头小学已经易地重建，整体搬迁至新校区办学，变成了现在的雷锋新城实验小学，实现了优质发展。唯独帮扶的另一所乡村小规模学校真人桥小学的状况依然没有改善，教学质量跌入谷底。

① 此处笔者指张爱平。

真人桥小学是一所列入征地拆迁规划的乡村小规模学校，只是究竟何时拆迁尚未确定，办学条件和师资力量都很弱。据原学校教师反馈，真人桥小学教师队伍平均年龄大，45 岁以上教师占学校教师总数的三分之二；教师结构性缺编严重，缺音乐、体育、美术、科学、信息技术、综合实践等学科教师，这些课程开不齐开不好；教师缺乏工作激情，教学方式传统，提不起学生的学习兴趣。教师队伍配备方面的一系列问题导致教学质量不理想，学校的年度综合绩效考评综合得分连续两年排名靠后，学生、家长、教师和区教育局对学校工作满意度低。

据了解，城区帮扶学校雷锋小学每周派出两位教师到真人桥小学走教，走教音乐、体育、美术各两节，但没有从根本上解决问题，仍有五个班依然没有专门的音乐、体育、美术教师任教，英语、音乐、体育、美术、信息技术等学科只能由语文、数学教师兼任，教学效果一般，教学质量差。

乡村小规模小学和城镇大规模小学到底有什么差别?

在学术界，一般把学校小学生总人数在 200 人以下的乡村小学认定为乡村小规模学校，把小学生人数在 200 人以上的学校称为较大规模小学。在常人眼中，乡村小规模小学与城镇大规模小学除人数不同、办学地点不同外，好像再没有其他差别。乍一听，似乎是对的。但实际上，两者有着天壤之别。

（一）从师资配备看，乡村小规模小学严重缺少部分学科专业教师

我国中小学的教师配备数量一般依据学生的数量来决定，中央编办、教育部、财政部《关于统一城乡中小学教职工编制标准的通知》规定，我国城乡小学均按教职工与学生比 1∶19 配备教师，同时规定，要“重点对学生规模较小的村小、教学点，按照教职工与学生比例和教职工与班级比例相结合的方式核定教职工编制”。因乡村小规模学校的学生总人数少，教师配备数量自然有限，往往只能配齐语文、数学、英语教师，普遍缺音乐、体育、美术等其他学科教师。以一所有 6 个教学班、小学生人数 99 人的乡村小规模学校为例，根据湖南省委编办文件《关于各市州公办中小学教职工编制动态调整的通知》，按班师比 1∶1.7 的标准配备教师，只能配 10 位教师（如果按照师生比 1∶19 配备教师，则只能配 5 位教师），10 位学科教师的最优搭配只能

这样：6 位语文教师(同时担任班主任)、3 位数学教师(1 位教师同时跨年级教 2 个班)、1 位英语教师(任教三至六年级的英语，还需要兼其他课)，根本没办法再配音乐、体育、美术、科学、信息技术等专业学科教师。很多地方 6 个班的乡村小规模学校连 10 位教师的配备标准都达不到。而城镇大规模小学一般按师生比 1∶19 配备教师，学科教师配备相对充足，教师学科结构搭配比较合理。乡村小规模学校普遍存在严重缺少部分学科专业教师的问题，这是与城镇大规模学校最大的区别，是乡村小规模学校面临的最大办学困境。

(二)从教师素质看，乡村小规模学校教师整体教学水平欠佳

从位置上看，乡村小规模学校位置一般比较偏僻，交通不便利，新教师不愿意去。有的年轻教师被分配到了乡村小规模学校，但第一次到达学校现场后直接选择放弃编制，宁愿继续待在城区学校当临聘教师；有的年轻教师愿意暂时留下来，但经过三五年历练，教学经验丰富后，往往又调动到集镇、县城去了；本校年龄较大的教师往往想调动却动不了，因为一般城区小学和规模较大的小学不愿意主动接收年龄较大的资深教师。这些因素导致最后能坚守在乡村小规模学校的教师往往是当地一些年龄较大的教师，教师老龄化严重的问题又渐渐在乡村小规模学校叠加凸显。加之，乡村小规模学校的教师往往课务繁重，外出培训机会少，教师的专业发展受到诸多因素限制，导致乡村教师知识储备和教育理念更新速度较城区小学教师慢。青年教师外流、教师老龄化现象严重、教师在岗培训少等多种因素叠加，导致乡村小规模学校的教师整体教学水平欠佳。为了缩小乡村教师与城区教师在教学水平方面的差距，各级教师培训机构开展了多项专门针对乡村教师的专项培训，但城乡教师教学水平差异依然存在。而城镇大规模小学由于教学基础设施好，校本教研活动多，教师外出学习也更便利，更有利于教师学习新教育理念，提升教学水平。

(三)从课程开设看，乡村小规模学校的国家课程一般开不齐开不好

由于缺乏专业的学科教师，在乡村小规模学校，一位教师一般至少要任教 2 门学科，即使偶尔有一位音乐(或体育、美术)教师被招聘到了乡村小规

模学校，但这位老师首先要教1门语文或数学，主业往往被动变成了副业。在乡村，诸如数学教师教体育、语文教师教音乐、英语教师教美术等所教非所学的现象非常普遍。在很多乡村教学点，一位教师任教一个年级所有课程，采取包班制，也是很普遍的。最近几年，我国相继出台了要强化综合实践、美育、体育、劳动教育、科学教育等学科教学的通知，要求各学校坚持五育并举、落实立德树人根本任务。综合实践、音乐、美术、体育、科学、劳动等学科不是副科，而是和语文、数学、英语一样重要的学科。但因为乡村小规模学校严重缺音乐、体育、美术、科学、劳动等专业学科教师，这些课程往往开不齐开不好，要保障这些学科的教育质量实在很难。而城镇大规模学校因教师配备充足，一般很少存在课程开不齐开不好的问题。

（四）从教学方式看，乡村小规模学校的教师一般采用灌输式教学方式

在乡村小规模学校，一般班级人数在30人以下，有的班级甚至只有寥寥几人，从课堂组织来看，教师一般不用花太多精力去维持纪律，这是乡村小规模学校的一个得天独厚的优势。从教学方式看，由于乡村小规模学校教师课务量重、外出培训机会少、知识更新速度慢、信息技术应用能力弱，以及年长教师多等原因，教师的教学方式一般比较传统，习惯于采用“我讲你听”的灌输式教学方式，学生的学习方式以被动学习为主，教师往往难以提起学生的学习兴趣，激发不了学生的创造力，导致教学效果并不理想。从教学条件来说，整体来看，乡村小规模学校的教学设备一般比城镇大规模学校要落后一些，教学资源会少一些。乡村小规模学校一般只有基本的班班通设备，没有充足的功能室及教学仪器，一般没有足球场、羽毛球场、室内运动场等场地，而城区大规模学校教学设备先进，各种未来学校、智慧教育示范学校、儿童友好学校、足球特色学校、篮球特色学校、体操特色学校等创建项目，往往都选择在城镇大规模学校试点，新型的智能设备往往在城区学校率先应用，先天的优势决定了城镇大规模学校教学的方式更加多样，教学手段更加先进。

从上面的分析可以看出，乡村小规模学校普遍存在专业学科教师缺乏、教师整体素质欠佳的问题，导致课程开不齐开不好；这又会导致乡村小规模学校整体教学质量低；教学质量低又会导致学生流失严重；学生人数越来越少，教师配备也自然越来越少，乡村小规模学校的办学困难进一步加重。调查发现，因专业学科教师缺乏形成的连锁反应，让很多乡村小规模学校进入了恶性循环。

二、向外求援：邀请社会爱心人士到学校支教音乐和美术

怎样缓解乡村小规模学校专业学科教师缺乏的问题？笔者进行了 7 年的实践与探索。

2015 年 8 月，笔者调入长沙高新区雷锋小学，在雷锋母校雷锋小学，流传着一句名言："有行动才叫学雷锋。"作为雷锋小学的业务副校长，笔者要践行"哪里需要就到哪里去"的理念，传承雷锋的奉献精神。当笔者提出想去薄弱乡村小学真人桥小学任校长时，很多同事疑惑地问笔者："教师普遍都希望从乡村调往城区，而你为什么要反其道而行之？"家人不解地问："咱们孩子刚在雷锋小学上完一年级，你突然申请去乡村薄弱学校，那孩子怎么办？"笔者坦然回答："把孩子也转到我工作的乡村小学去读书。"同事和家人看到笔者执意要去薄弱乡村小学，都建议笔者把孩子继续留在城区学校读书，因为乡村小规模学校的教学质量比不上城区小学。"不可否认，当前城乡小学之间教学质量有差别。但每一位家长都期望每一所学校是优质的，我去真人桥小学的目的就是要改变乡村小规模学校薄弱的状态，如果我自己不相信自己的学校，那家长怎么信服我的工作？家长对真人桥小学的期待就是我自己的期待！"笔者做通家人的思想工作后，义无反顾地把自己的孩子转到了真人桥小学。

2016 年 7 月，笔者经过主动申请、公开竞聘、组织派遣等程序后，来到真人桥小学任校长。

长沙高新区真人桥小学建设于 1970 年 8 月，原来是一所希望小学，因征地拆迁原因，学生数一直在 120 人至 180 人之间徘徊，有 6 个教学班。

来到真人桥小学后，笔者把"办优质乡村小学"列为学校的第一个办学目标，因为不提高办学水平将留不住学生。2016 年 7 月至 2019 年 8 月，在雷锋小学的大力帮扶下，真人桥小学通过改善办学条件、优化教师队伍、丰富校园活动等措施，在实践中研究怎样提高教育教学质量，办学水平开始逐渐

提高，学校的教学质量有所提升，篮球运动、艺术社团课程等都在全区崭露头角。2017 年 2 月，真人桥小学举行的开学第一课"诗词擂主大赛"被中央电视台的多个频道报道。

这三年，为了缓解缺音乐、美术教师的问题，笔者走进周边艺术培训机构，请来了 2 位音乐、2 位美术教师志愿者，他们无偿为同学们上音乐、美术课，乡村学生艺术教育薄弱问题暂时得到缓解。但学校依然存在教师老龄化严重、教师教学方式比较传统、缺体育和综合实践等学科教师的问题，存在科学、体育、信息技术、综合实践等课程开不齐开不好等情况，制约着学校和学生的良性发展，因教师配备不科学所导致的问题依然没有得到彻底解决。

三、机制创新：校联体模式一定程度缓解了乡村缺教师的问题

三年来，随着教育教学水平有所提升，学校声誉逐渐变好，各级领导也接连主动来到真人桥小学调研指导。2017 年 12 月，全区促进义务教育均衡发展现场会在真人桥小学举行，雷锋小学与真人桥小学"捆绑"发展的办学经验向全区推广。2016—2019 年，真人桥小学连续三年被区教育局评为年度绩效考核一等奖，学校在区教育局的年度综合评价得分由后端冲到了前列。

2019 年 8 月，为了深入推进城乡教育均衡，长沙高新区实行一所城区优质学校直接与一所农村薄弱学校结为校联体，校联体城区学校的校长同时兼任乡村小规模学校的校长，城区学校派一位副校长到乡村小规模学校任执行校长，乡村小规模学校为城区优质学校的一个校区，形成了"两校一体四统筹"办学模式，城乡两个校区的人事、财务、物品、事务等都由法定代表人统筹。

在此利好政策支持下，真人桥小学与城区优质学校雷锋新城实验小学结成校联体，由刘丰华同志同时担任雷锋新城实验小学和真人桥小学的校长，真人桥小学成为雷锋新城实验小学的乡村校区，真人桥小学的法人也变更为刘丰华。笔者被任命为雷锋新城实验小学的副校长，同时兼任真人桥小学执行校长，负责真人桥小学的日常管理。

该政策的实施为地处乡村的真人桥小学带来了发展新机遇，雷锋新城实

验小学对真人桥小学的帮扶力度很大。自2019年8月开始，雷锋新城实验小学每年派3位教师来真人桥小学全职支教音乐、科学和语文，还派出2位美术教师来真人桥小学走教，真人桥小学的财务、人事等事务都由雷锋新城实验小学的主管领导统筹管理，2个校区实现了资源共享，各类活动统筹开展，大大减轻了真人桥小学在管理上的一些负担。

由于有了校联体的帮扶，真人桥小学语文、数学、音乐、美术、科学等学科实现了专业教师任教，学校不再需要聘请爱心志愿者。

但真人桥小学依然存在教师平均年龄偏大、教师信息化水平低，缺英语、体育、综合实践和信息技术等学科专业教师等问题，影响了学校和学生的发展。

四、实践探索：应用多元数字资源应对乡村小规模学校缺教师的难题

调查发现，身边的乡村小规模学校普遍存在专业学科教师不足、教师整体素质不高、教师平均年龄大等问题，一时没办法完全解决，这是因为乡村小规模学校人数太少，平行班级少，所以无法为所有学科全部配齐专业的任课教师。

教育大计，教师为本。在教师配备问题一时没办法彻底解决的情况下，要提升乡村小规模学校的教育教学质量，关键还是要努力提升乡村小规模学校现有教师的教学能力。在智能时代，用什么办法来提升乡村小规模学校教师的教育教学能力和整体教学质量？根据学校现有条件，最可行的办法是引领教师主动适应当今智能时代的发展，充分利用好各种有价值的数字资源，让智能技术与教学深度融合。

2019年5月，习近平总书记在致国际人工智能与教育大会的贺信中指出："人工智能是引领新一轮科技革命和产业变革的重要驱动力，正深刻改变着人们的生产、生活、学习方式，推动人类社会迎来人机协同、跨界融合、共创分享的智能时代。"

2019年7月，笔者有幸考上了北京师范大学教育博士，成为北京师范大学智慧学习研究院、互联网教育智能技术及应用国家工程实验室的一名学

生，更加坚定了要用智能技术变革乡村小规模学校教学方式、缓解乡村教师配备难题、提高乡村小规模学校教学质量的信心和决心。

我们首先从提升教师信息技术应用能力入手。2019 年 9 月，雷锋新城实验小学和真人桥小学校联体两个校区的教师，同步参加了湖南省中小学教师信息技术应用能力 2.0 提升工程培训。经过半年的培训，乡村校区真人桥小学教师的信息技术应用能力得到显著提升。从此，真人桥小学全体教师一道立足岗位开展行动研究，主动探索智能时代的教学方式变革。例如，利用国家中小学智慧教育平台上的个体任务型数字资源、新一代白板课件库中的协同构建型数字资源、小奔运动小程序上的技能训练型数字资源等，变革教师教学方式，促进学生学习方式变革。

深入调查还发现，全国众多乡村小规模学校也遇到了真人桥小学同样的困难，比如缺专业学科教师、教师平均年龄大、教师整体素质欠佳、课程开不齐开不好、教学质量不高等系列问题。还有不少乡村小规模学校的校长在纳闷："我们乡村小学的教师都很投入，为什么还是留不住学生?"同仁的问题引起了我们的深思，更加激发了我们要做好乡村教育研究的动力，并提示我们的探索不能局限于自己学校，也要兼顾全国其他同类学校。

为了让乡村小规模学校的校长抱团前行、共同发展，2020 年 2 月，我们牵头成立了"全国乡村小规模学校优质发展联盟"，全国共有 200 名乡村小规模学校的校长依托网络聚集在一起，共同探讨怎样应用多元数字资源驱动教学方式变革，共同分享乡村小规模学校的办学经验和破解乡村小规模学校发展难题的对策。研究视角也由主要聚焦长沙高新区真人桥小学，逐渐扩展到了全国同类学校。

2021 年 9 月，长沙高新区教育局在真人桥小学成立了"长沙高新区乡村教育研究张爱平工作室"。从此，全国一批乡村小规模学校的管理者一起，在学科专业教师缺乏、教育投入不足等客观条件暂时无法彻底解决的情况下，不抱怨、不等待，依托民间的乡村小规模学校优质发展联盟组织和官方的乡村教育研究工作室两个载体，立足乡村小规模学校现有实际，积极尝试利用各种有价值的数字资源，变革教学方式，一起探索缓解学科教师不足、教师专业素质欠佳、课程开不齐开不好等问题的办法，用行动改变着自己的乡村小规模学校，一起努力提升乡村小规模学校的教学质量。

实践证明，面向智能时代，乡村小规模学校主动搭上数智技术的快车，适配性应用多元数字资源能驱动教学方式变革，能有效缓解专业学科教师缺乏、教师队伍整体素质不高、教师平均年龄偏大等发展难题，提升教学质量。

第二节　研究意义

乡村小规模学校的发展问题依然是当前基础教育的难点、痛点和堵点。在智能时代，应用数字资源驱动乡村小规模学校教学方式变革有以下意义：

一、助力乡村小规模学校提升教学质量

2020 年 11 月 11 日的人口普查结果显示，我国居住在城镇的人口为 9.02 亿人，占 63.89%；居住在乡村的人口为 5.10 亿人，占 36.11%。与 2010 年第六次全国人口普查相比，城镇人口增加 2.36 亿人，乡村人口减少 1.64 亿人，城镇人口比重上升 14.21 个百分点。可以看出，随着城镇化程度逐步提高，我国乡村人口呈下降趋势，乡村小规模学校也呈逐年减少趋势，200 人以下的乡村小规模学校已经成为我国乡村基础教育的基本样态。

据湖南省教育厅统计，2019 年度，湖南省有小学教学点 7634 个，比 2018 年减少 62 个；2020 年度，湖南省共有小学教学点 7177 个，比 2019 年减少 457 个；2021 年度，全省共有普通小学 7132 所，比上年减少 113 所，另有小学教学点 6876 个，比上年减少 301 个。经调查分析，乡村小规模学校减少的原因一方面是城镇化的趋势势不可挡，城市对乡村的“虹吸现象”明显，家长进城务工，把孩子也带到城市读书；另一方面是乡村小规模学校教学质量低，家长为了把孩子送往集镇或规模更大一些的集镇中心小学或城区小学去，自己才选择在城市务工。

2023 年下学期，真人桥小学将易地搬迁至一所投资约 3 亿元的新建学校办学，新学校是一所与拆迁安置居民小区配套的优质小学。新学校虽然还没开学，但是有不少在其他乡村小规模学校读书的学生家长纷纷打来电话咨询：“我们的孩子下学期能否转到新真人桥小学读书？我们不想把孩子放在乡村小学读书。”“我的第二个孩子能否转入新真人桥小学读书？我不想再放

在乡村小规模学校了，因为班上就十几个学生，孩子没有一点竞争意识。我的大孩子在乡村小规模学校读完小学，到了初中，成绩越来越差。”……这些家长的话语中透露出了对当今乡村小规模学校教学质量的焦虑，透露出了对乡村小规模学校的不信任。

2020 年，我们随机调查了全国 150 所乡村小规模学校的发展现状。调查发现，不少乡村小规模学校(含教学点)依然处于“小而弱”的状态，存在师资配备不足、师资力量弱、教师结构性缺编严重、办学条件差、教育质量低、办学经费紧张、智能化数字资源应用少等诸多问题。部分地区的乡村教育现状可以用三个“越来越”形容：学生越来越少、学校越来越小、教师越来越老。①

毋庸置疑，我国乡村小规模学校在近年来得到了长足的发展。但从全国整体情况来看，乡村小规模学校办学水平较低，教学质量还不理想，老百姓对乡村小规模学校的满意度不高，乡村小规模学校呈逐年减少趋势。放眼全国，由于我国经济发展水平不一致，部分乡村小规模学校还没有走向“小而美”“小而优”“小而特”。2022 年 8 月，由中国乡村发展基金会、北京师范大学中国教育政策研究院、21 世纪教育研究院联合策划并组织专家团队编写的《2022 年中国乡村教育发展报告》指出：乡村小规模学校发展仍然滞后。② 因此，继续办好乡村小规模学校是各级地方政府、教育主管部门和乡村小规模学校自身不容回避的责任。

本研究立足学校现有办学条件，采用行动研究方法，带领乡村教师适配性应用多元数字资源，变革教学方式，不仅有利于真人桥小学缓解教师配备发展困境、提升教学质量，也有利于为全国同类乡村小规模学校提供参考样本。

二、助力《新课标》在乡村小规模学校落地实施

2022 年 3 月 25 日，教育部发布了《义务教育课程方案和课程标准(2022

---

① 李振村，朱文君，陈金铭. 为什么是抚松：中国乡村教育再造[M]. 北京：教育科学出版社，2011：9.

② 李庆.《2022 年中国乡村教育发展报告》发布[N]. 公益时报，2022-08-23(16).

年版)》(以下简称《新课标》),2022 年秋季开始实施,文件明确指出要大力推进教学改革,转变育人方式,保障课程有效实施,切实提高育人质量。

《新课标》的发布有以下两个背景:一是贯彻中央新政策,落实立德树人根本任务,发展素质教育,推进教育公平,培养德智体美劳全面发展的社会主义建设者和接班人,推进教育改革和落实“双减”,强化课堂及学校教育主阵地,必须对教与学的内容和方式进行改革。二是教育需求更加注重质量,简单地说,《新课标》是为了促进基础教育走向更加公平而有质量。本研究基于适配性应用多元数字资源,驱动教学方式变革,将有利于促进乡村小规模学校开齐开好国家课程,有利于促进教育走向公平而有质量。

此外,《新课标》还有五个特点:一是各课程标准将党的教育方针具体化、细化为本课程应着力培养的学生核心素养;二是优化了课程内容结构;三是研制了学业质量标准;四是增强了指导性;五是加强了学段衔接。乡村小规模学校只有开齐开好了国家课程,才能体现上述《新课标》的五个特点。

乡村小规模学校因教师结构性缺编严重,课程往往很难全部落实。一方面,本研究以抓好乡村小规模学校的教学工作为核心要义,依托多元数字资源适配性应用,探索保障国家课程在乡村小规模学校有效实施的路径,让国家课程开齐开好,促进乡村学生“上好学”;另一方面,本研究运用智能化、可交互的数字资源,让乡村小规模学校的课程信息量更加丰富,变革教学方式,更好落实因材施教,让核心素养在乡村小规模学校能教、能学、能评、能测。因此,本研究将助力《新课标》在乡村小规模学校落地实施。

三、助力乡村振兴

农村、农业、农民(简称“三农”)一直是我国政府关注的核心问题之一。2017 年 10 月,党的十九大报告指出,农村农业农民问题是关系国计民生的根本性问题,必须始终把解决好“三农”问题作为全党工作的重中之重,实施乡村振兴战略。这些举措,足以体现国家对“三农”的重视。乡村教育是“三农”的基础和基本民生,乡村教育兴,乡村振兴才能真正实现。乡村教育与乡村振兴互相联系、互相影响、互相促进。乡村小学承载着传承乡村文明、延续乡土文化、留住乡村人口的作用。办好了乡村小规模学校,乡村才更有活力和生机；办好了乡村小规模学校，就是在助力乡村振兴。

2018年1月2日，中共中央、国务院在《关于实施乡村振兴战略的意见》中提出要“优先发展农村教育事业”，要“高度重视发展农村义务教育，推动建立以城带乡、整体推进、城乡一体、均衡发展的义务教育发展机制”。2022年1月，中共中央、国务院在《关于做好2022年全面推进乡村振兴重点工作的意见》中提出，要“扎实推进城乡学校共同体建设”。2022年10月，党的二十大报告指出，要“坚持教育优先发展”“加快建设高质量教育体系，发展素质教育，促进教育公平。加快义务教育优质均衡发展和城乡一体化”。乡村小规模学校发展如同基础教育的“最后一公里”，只有办好了乡村小规模学校，才能真正实现教育公平。

据调查，由于我国乡村小规模学校涉及面积广、数量多，受地域、资源、投入等多种因素影响，一般情况下，乡村小规模学校都遇到了教师配备不足、素质不高，课程开不齐开不好、教学质量不高、学生逐年减少等现实困难。近年来，为了保障乡村小规模学校优质发展，我国先后出台了《关于规范农村义务教育学校布局调整的意见》《乡村教师支持计划（2015—2020年）》《关于全面加强乡村小规模学校和乡镇寄宿制学校建设的指导意见》《关于加强“三个课堂”应用的指导意见》《新时代基础教育强师计划》等文件。这一批文件，较好地促进了乡村小规模学校发展。但从城乡教育整体状况来看，当今乡村小规模学校的教学质量与城区学校相比，仍存在较大差距。主要原因在于乡村教师结构性缺编严重、素质整体不高，导致国家课程在乡村小规模学校不能很好落实，教学质量不理想。

随着5G、大数据、物联网、区块链、人工智能等新技术不断出现，人类社会进入了人机协同、跨界融合、共创分享的智能时代，这给乡村教育提出了新课题。教学是学校工作的核心，只有教师教学方式变革了、优化了，才能引发学生学习方式的变革与优化。研究发现，因我国乡村小规模学校数量多，乡村教师结构性缺编的矛盾一时无法解决，乡村小规模学校的教师只有主动依托互联网智能技术，主动使用安全、可靠、合适的各类数字资源，变革教学方式，引领乡村学生变革学习方式，让乡村学生依托“互联网+智能技术”，随时随地开展学习，让学校、家庭和社会的每一个角落都能成为学习中心，引领学生实现个性化学习、泛在化学习、移动学习，才能提高乡村小规模学校的教学质量，实现教育高质量发展。

本研究聚焦于怎样适配性应用多元数字资源，驱动教学方式变革，将助力缓解当前乡村小规模学校教师配备不足的发展难题，进而助力乡村振兴战略的实施，促进教育走向优质均衡和城乡教育一体化。

四、助力推进乡村智慧教育研究和教育数字化转型

近年来，科技飞速发展，大数据、VR、人工智能等技术逐渐走进了教育领域。2021 年修订的《中华人民共和国教育法》第六十六条规定："国家推进教育信息化，加快教育信息基础设施建设，利用信息技术促进优质教育资源普及共享，提高教育教学水平和教育管理水平。"国家鼓励学校及其他教育机构推广运用现代化教学方式。"可以看出，国家在优质教育数字资源普及共享、推广现代化教学方式等方面，早已有顶层设计。

2018 年，教育部批准湖南省为建设教育信息化 2.0 试点省，批准宁夏为建设全国"互联网+教育"示范区。2019 年，长沙市成为全国"智慧教育示范区"创建区域。2019 年 11 月，长沙市人民政府出台了《智慧教育行动计划（2019—2022）》，明确指出要实施"教育教学模式创新变革工程"，推动育人理念更新、教学模式变革和教育服务转型，推进在线学习、移动学习、混合学习，开展微课、慕课、翻转课堂等教学模式创新实践，推进人工智能与教育教学深度融合。可以看出，一些地方政府对人工智能技术驱动教学模式创新、教学方式变革，也已有具体部署。

2019 年 2 月，中共中央、国务院印发的《中国教育现代化 2035》指出：要实现教育现代化，重点和难点在农村。要加快信息化时代教育变革，建设智能化校园，统筹建设一体化智能化教学、管理与服务平台。利用现代技术加快推动人才培养模式改革，实现规模化教育与个性化培养的有机结合。2020 年 3 月，教育部下发了《关于加强"三个课堂"应用的指导意见》，要求各地进一步加强"专递课堂""名师课堂"和"名校网络课堂"（简称"三个课堂"）的应用。2022 年 4 月，教育部等八部门印发了《新时代基础教育强师计划》，该文件指出要深入探索人工智能助推教育教学方法创新、教育精准帮扶的新路径和新模式，进一步挖掘和发挥教师在人工智能与教育融合中的作

用。该文件进一步强调了要依托人工智能技术助推教育教学方法创新。本研究探索适配性应用多元数字资源驱动乡村小规模学校教学方式变革，与国家教育信息化 2.0、教育现代化等相关政策高度吻合。

《教育部 2022 年工作要点》提出了“教育数字化战略行动”。党的二十大报告也强调“推进教育数字化”。这一系列报告标志着我国的教育信息化已经步入数字化转型的新发展阶段①。2023 年 2 月 13 日，教育部部长怀进鹏在世界数字教育大会上宣布，教育部将全力构建国家数字教育资源中心，成立国家数字资源建设委员会②。可见，加强数字资源建设与应用已经成为国家层面的行动。本研究与国家教育数字化战略相关政策也高度吻合。

2019 年 12 月 8 日，顾明远教授在中国教育三十人论坛上呼吁：“我们讲人工智能+教育，但我们的眼光好像仅仅局限在城市，我们应该把眼光投向农村，将信息技术的优势投入农村。”③科技与教育可以双向赋能。乡村小规模学校能否在智能时代搭乘智能技术的快车道，应用数字资源驱动教学方式变革，提高教学质量，实现“教育公平而有质量”发展？本研究从多元数字资源适配性应用视角，聚焦于应用多元数字资源驱动乡村小规模学校教学方式变革，将助力推进乡村智慧教育研究和教育数字化转型。

---

① 许秋璇，吴永和. 教育数字化转型的驱动因素与逻辑框架：创新生态系统理论视角[J]. 现代远程教育研究，2023，35(2)：31.

② 冯琪：世界数字教育大会召开，教育部宣布将成立国家数字资源建设委员会[EB/OL]. (2013-02-14)[2024-10-11]. https：//baijiahao. baidu. com/s? id = 1757803227713341323&wfr = spider&for = pc.

③ 朱永新，袁振国，马国川. 科技发展与教育变革[M]. 太原：山西教育出版社，2021：9.

第二章

国内外研究现状

第一节　核心概念界定与理论基础

科学研究需要站在巨人的肩膀上前行，需要弄清在某一领域的研究现状，摸清哪些内容别人已研究过的，哪些内容别人还没有研究或尚未研究透彻。知己知彼，才能有所建树。为了开展好数智时代乡村小规模学校发展研究，首先，须对核心概念进行界定，明确研究的边界与范围。

一、数智时代

习近平总书记在致国际人工智能与教育大会的贺信中提出：人工智能技术正推进人类社会迎来人机协同、跨界融合、共创分享的智能时代。从技术应用角度上说，智能时代是人工智能、云计算、大数据、5G 技术、物联网、区块链等为代表的新技术逐渐普及应用，驱动人类社会快速进入以数字化应用为基础的时代①。在智能时代，智能手机已经成为民众的必备通信工具，智能医疗、智能交通、智能搜索等技术应用，逐渐与民众的生活密切相关，使人类的生活越来越便利、快捷。在智能时代，智慧教育正引领着全球新一轮教育变革。本研究所指的数智时代即为当今所处的时代，是数字技术、人

① 赵凌云，胡中波．数字化：为智能时代教师队伍建设赋能［J］．教育研究，2022，43(4)：151.

工智能技术在社会各个领域全面推广应用的时代，数字化、智能化是数智时代的典型特征。

二、乡村小规模学校

乡村小规模学校是指地处乡村（或农村）、规模较小的学校，与"农村小规模学校"是同一个意思。

新中国成立后，党中央就十分重视乡村教育。我国乡村人口众多，几乎每个村都有一所小学，只是村落有大小，每所乡村小学的人数不同，人口较少的村一般办初等小学，人口较多的村则办完全小学。从那时起，乡村小规模学校广泛存在于中国广袤的乡村大地上。每个村都有学校，给学生上学提供了便利，学生几乎都是就近入学。1952 年 5 月 24 日，全国上下开展大规模的扫盲运动，1986 年 4 月启动普及九年制义务教育工作。在这些工作中，乡村小规模学校都发挥了巨大的作用，乡村小规模学校是扫盲运动和"普九"实施的主阵地之一。

进入 21 世纪，随着城镇化和计划生育等政策的实施，部分乡村小规模学校的学生越来越少，教学质量不理想，办学成本增大。此时，国务院为了促进教育均衡，降低办学成本，优化资源配置，于 2001 年 5 月 29 日出台了《关于基础教育改革与发展的决定》，指出要"因地制宜调整农村义务教育学校布局"。从此，一些乡村小规模学校开始被撤并。

2001 年以后，随着大量乡村小规模学校逐渐被撤并，全国多地出现了学生上学路途远、家长接送难、寄宿低龄化、涉校车辆事故多发、家长教育投入增加、城市出现大班额等新问题。2012 年 9 月 7 日，国务院颁布《关于规范农村义务教育学校布局调整的意见》，指出：要"规范农村义务教育学校撤并程序。确因生源减少需要撤并学校的，县级人民政府必须严格履行撤并方案的制定、论证、公示、报批等程序"。"对保留和恢复的村小学和教学点，要采取多种措施改善办学条件，着力提高教学质量。"该文件可以称得上是"撤并乡村小规模学校"的"紧箍咒"和"刹车片"。自 2012 年 9 月起，乡村小规模学校得到了大批学者的持续关注。随着国家重新规范农村学校布局调整政策，农村教育进入“后撤点并校时代”①。

在国外，乡村学校特别是乡村小规模学校，同样大量存在于农村地区，无论是发达国家还是发展中国家，乡村学校都为偏远地区的儿童提供了最便利的教育服务。乡村小规模学校是不可替代的教育组织形式。进入21世纪后，美国仍然存在数百所“一师一校”的乡村小学②。在日本、韩国的农村，多数都是一两百人的乡村小规模学校。2016年2月，21世纪教育研究院杨东平认为：乡村小规模学校有可能成为主流的学校样式，也可能是未来学校的发展方向，呼吁“建设小而优、小而美的农村小规模学校”③。

各国对小规模学校认定标准不同，芬兰判定小规模学校的临界值是50人，瑞典是100人，英格兰以不足100人作为小规模学校，50人以下为超小规模。④ 日本《学校教育法》规定：规模较小的学校是大规模学校的分校，分校规模在小学为5个班以下。⑤ 在韩国，常把学生数为180人以下，全校少于6个班级的学校统称为小规模学校。⑥

在我国，2008年颁布的《农村普通中小学建设标准》第二章第八条第一款指出，农村非完全小学4个班及以下、每班人数30人及以下，学校学生总人数在120人以下；完全小学6个班及以下、每班人数45人以下，学生总人数在270人以下的小学称为农村小规模学校⑦。

2008—2018年，我国教育部门把200人以下的学校称为乡村小规模学校。我国部分地区明确把300人以下的乡村学校称之为乡村小规模学校。据调查资料显示，青岛市西海岸区、南通市如东县、长沙高新区等地，均把300人以下的乡村中小学认定为乡村小规模学校。为加大农村小规模学校的扶持力度，这三地对于不足300人的乡村学校，均按300人标准拨付生均公

① 靳晓燕，王佳颖. 后撤点并校时代，农村教育走向何方[N]. 光明日报，2012-11-20(6).

② 赵丹，曾新. 国外农村小规模学校的发展策略及政策启示[J]. 外国教育研究，2013，40(8)：72.

③ 杨东平. 建设小而优、小而美的农村小规模学校[J]. 人民教育，2016(2)：36.

④ 雷万鹏，张雪艳. 论农村小规模学校的分类发展政策[J]. 教育研究与实验，2011(6)：8.

⑤ 任春荣，左晓梅. 日本乡村小规模学校发展经验及对我国的启示[J]. 外国中小学教育，2019(4)：38.

⑥ 韩春花. 韩国农渔村小规模学校合并政策研究[D]. 长春：东北师范大学，2011：2.

⑦ 中华人民共和国住房和城乡建设部，中华人民共和国国家发展和改革委员会. 农村普通中小学校建设标准 建标109-2008[S]. 北京：中国计划出版社，2008：2.

用经费。[①②]

国务院办公厅印发的《关于全面加强乡村小规模学校和乡镇寄宿制学校建设的指导意见》中的乡村小规模学校特指不足100人的村小学和教学点。

我国学术界普遍把200人以下的乡村小学界定为乡村小规模学校。根据我国当前现实状况，本研究中的乡村小规模学校指学校位置地处乡村、班级数不超过6个、每班人数平均不超过40人、全校学生总人数不超过200人的乡村小学，不含规模较小的九年一贯制学校和小规模中学。乡村小规模学校一般是村小，有的乡镇因本身人口基数小或城镇化速度太快，致使乡村人口减少。从学生人数上看，部分乡镇中心小学也可能是乡村小规模学校，也是本研究的研究范围。

三、乡村教育

我国是一个"乡村型"大国，一方面因为乡村占我国国土面积的大部分，另一方面因为我国有着悠久的乡村历史，很多优秀传统文化大多产生于乡村社会。[③] 我国乡村教育有以下特征：地位的基础性、发展的不均衡性、形式的多样性、空间的分散性、文化的多元性、内容的实用性。[④] 乡村教育对乡村发展一直起着至关重要的作用，回溯乡村教育的基本理论对本研究有着重要的指导意义。

（一）新中国成立前的乡村教育理论回溯

在古代，受当时条件限制，此时的教育主要是一种简单的口耳相传式的生活教育。在奴隶社会，只有奴隶主才享有绝对的受教育权利，当时的学校教育主要是"学在官府"。到了封建社会，一般农民百姓除了种地外，也有权利进行自由学习。特别是到后来，随着科举制度逐渐兴盛，一大批寒窗苦读

---

① 青岛西海岸新区教育和体育局. 西海岸：让每一个孩子享有公平而有质量的教育[EB/OL](2021-07-30)[2014-10-29]. https://www.thepaper.cn/newsDetail_forward_13828768.

② 如东县财政局下达2018年农村义务教育学校春季学期公用经费[EB/OL]. http://czt.jiangsu.gov.cn/art/2018/5/17/art_7944_7641863.html.

③ 李森，崔友兴. 社会变迁中的乡村教育[M]. 福州：福建教育出版社，2017：8.

④ 李森，崔友兴. 社会变迁中的乡村教育[M]. 福州：福建教育出版社，2017：8.

的有志学子随之涌出。此时，在官学非常有限的情况下，出现了不少私学，像私塾，一直延续到了民国时期。

在近代，一方面由于外国列强入侵，另一方面由于封建势力加剧剥削，此时乡村社会结构发生了根本性变化，城市化发展成为一种趋势，乡村教育也随之发生了根本性变化，清政府设立的正规学校只到了县一级，近代开办的新式学堂大多设在县一级，而乡村很少设有学堂，乡村教育依然靠大量的私塾进行。据相关史料记载，1922 年，在乡村平均每 6 个村才有一所学校，全国中小学校共 178 847 所；到了 1931 年，平均每 4 个村才有一所学校，全国中小学校增加至 262 689 所。可以看出，这个时期的新式学堂虽然数量在逐渐增加，但对广大农村而言，基础教育基本上将农村排挤出去了，导致这一时期城乡教育差距越来越大，更加凸显了乡村教育的问题。正是在这一时期，出现了一批如晏阳初、陶行知、梁漱溟等热心关注中国乡村教育的教育家。①

晏阳初提出“平民教育”理论，认为仅靠教育并不能救治农村问题，主张以公民教育救“私”、以卫生教育救“弱”、以生计教育治“贫”、以文艺教育救“愚”，他运用了“家庭式、学校式、社会式”等三种教育方式。② 他的主张启示我们当今的乡村教育不能忽视了社会、家庭的作用，特别是突发公共卫生事件引发的停课不停学，更需要社会和家庭密切配合；启示我们振兴乡村教育是一个系统工程，不能单靠教育部门或学校单方面努力。

陶行知认为“社会即学校”“生活即教育”“教学做合一”，创立“生活教育”理论。认为乡村学校要做乡村生活改造中心，乡村教师要做乡村生活的灵魂。③ 当今，人类进入了智能时代，智能技术已经广泛进入了学生的生活，启示乡村教师必须与时俱进，主动适应智能时代的教育生活。

梁漱溟提出“乡村建设”理论，按照儒家文化的传统复兴农村，实现民族的自救与自治。他坚信，乡村建设运动担当民族自救的重任，其离不开教育的支持，认为要创造一种超越传统文化和现代西方文化的新文明形态，强调

① 李森，崔友兴. 社会变迁中的乡村教育[M]. 福州：福建教育出版社，2017：8.
② 黄胜利. 中国乡村教育发展报告 2021[M]. 北京：社会科学文献出版社，2021：18.
③ 何国华. 陶行知教育学[M]. 广州：广东高等教育出版社，1991：4.

乡村教育是乡村建设的主要手段或方式①。梁漱溟的“乡村建设”理论启示我们，只有在教育比较中，才能更好地扬长避短。

总之，二十世纪二三十年代，我国乡村建设的先贤们开展了多样化的乡村建设实践，对当今乡村教育仍有指导意义。乡村教育振兴，就是乡村文化、乡村社会的恢复与重建。没有乡村教育振兴，就没有乡村振兴。

（二）新中国成立后的乡村教育理论梳理

新中国成立以后，我们党和国家十分重视乡村教育。从前面新中国成立后的一系列乡村教育政策看，“城乡教育一体化”“均衡发展”“公平”“有质量”“乡村振兴”等是引领乡村教育发展的“主旋律”。

1995 年学者王克勤在《论城乡教育一体化》一文中指出，城乡教育一体化是指在教育发展过程中，不能把城市和乡村看成两个独立的系统，而要把他们视为一个整体，打破城乡二元结构和社会结构的束缚，共同实施教育现代化。② 褚宏启认为，城乡教育一体化是指统筹城乡教育发展，整合城乡教育资源，缩小城乡之间的教育差距，有效消除因地域、经济等原因导致的教育不公平，改变农村地区教育落后状况，使均衡化的教育服务覆盖城乡全体居民，实现城乡教育均衡发展、协调发展、共同发展。③

党的十八大以来，在乡村教育核心思想的指引下，我国切实加大对乡村、山区、边远地区的教育投入，全方位促进乡村教育发展。从“有学上”到“上好学”，一系列喜人变化点亮了广袤乡野，温暖着乡村校园。④ 乡村兴则国家兴，教育强则国家强。乡村教育关乎国计民生、关乎乡村振兴，对推动乡村振兴、巩固拓展脱贫攻坚成果，以及助力实现共同富裕具有重大意义。

习近平总书记一直对乡村教育寄予了殷切期望。2013 年 9 月，习近平总书记在联合国“教育第一”全球倡议行动一周年视频讲话中向世人宣告，“努

---

① 吴洪成，蔡晓莉．梁漱溟中国特色乡村教育理论的建构及现实意义[J]．教育史研究，2019(1)：159-174.

② 王克勤．论城乡教育一体化[J]．普教研究，1995(1)：6-8.

③ 褚宏启．城乡教育一体化：体系重构与制度创新：中国教育二元结构及其破解[J]．教育研究，2009(11)：3-10.

④ 隆太良．为了孩子，在乡村擎起一盏灯[EB/OL]．(2022-04-08)[2024-10-29]．https：//m. gmw. cn/baijia/2022-04/08/35642662. html.

力让13亿人民享受更好更公平的教育”。2016年9月，习近平总书记在考察北京八一学校时，提出“以教育公平促进社会公平正义”的重要论断。2017年10月，习近平总书记在党的十九大报告中指出，要优先发展教育事业，努力让每个孩子都能享有公平而有质量的教育。2018年9月，习近平总书记在全国教育大会上指出，我们要坚持把教育公平作为国家的基本教育政策，大力推进教育体制创新；要加快建成伴随每个人一生的教育，实现人人皆学、处处能学、时时可学；要加快建成平等面向每个人的教育，努力使每个人不分性别、不分城乡、不分地域、不分贫富、不分民族都能接受良好的教育。2021年2月25日，习近平在全国脱贫攻坚总结表彰大会上说：“我们紧紧扭住教育这个脱贫致富的根本之策，强调再穷不能穷教育、再穷不能穷孩子，不让孩子输在起跑线上，努力让每个孩子都有人生出彩的机会，尽力阻断贫困代际传递。”习近平总书记强调，脱贫攻坚取得胜利后，要全面推进乡村振兴，这是“三农”工作重心的历史性转移。2022年10月，习近平总书记在党的二十大报告中指出，我们要坚持教育优先发展、科技自立自强、人才引领驱动，加快建设教育强国、科技强国、人才强国；加快建设高质量教育体系，发展素质教育，促进教育公平。2023年的《政府工作报告》提出要加快建设高质量教育体系，推进义务教育优质均衡发展和城乡一体化。

综上所述，可以看出我国历来高度重视乡村教育。特别是在进入新时代后，乡村教育理论得到进一步丰富、充实、聚焦。党的十八大后，“优先发展教育”“乡村振兴”“公平有质量”“高质量教育体系”“优质均衡”“城乡一体化”等，已成了乡村教育的高频核心关键词，是我国当前和今后很长一段时间的核心任务。

四、教学方式

教学是学校工作中最核心的工作。①

教学是实施课程的基本途径，是学校的中心工作。教师是教学的组织与引导者，为学生的学习与发展服务。学生是教师教的对象，又是学习的主体

① 王道俊，郭文安．教育学[M]．北京：人民教育出版社，2016：149.

与发展的主体。[①] 观今宜鉴古，无古不成今。回溯从古至今教学理论的发展脉络，对弄清现在的教学方式为什么要变革具有指导意义。

教学方式和教学方法既有区别，又有联系。一般情况下，教学方式包含教学方法。教学方法是为了完成教学任务而采用的方法，包括教师教的方法和学生学的方法。在小学，教师常用的教学方法有：讲授法、谈话法、练习法、演示法、读书指导法、实验法等。教学组织形式有个别教学形式和班级上课制。[②] 有了“互联网+智能技术”的支持，在大规模在线授课、虚拟班级上课等新型教学组织形式不断涌现的同时，也会产生新的教学方法或混合式方法。在智能时代，教师的教学方法与以前相比，有明显的区别。教学的基本环节有备课、上课、课后辅导、评价等。

关于教学方式有很多定义。有的认为教学方式指教学方法的活动细节。[③] 有的认为教学方式是指为达到教学目的，实现教学内容，运用教学手段而进行的，由教学原则指导的一整套方式组成的、师生相互作用的活动。[④] 有的认为师生对教学存在的观念性反映就是教学方式[⑤]。有的认为：“教学方式是运用各种教学方法的技术。任何一种教学方法，都是由一系列的教学方式所组成的。”[⑥]还有的认为：“教学方式是指教师通过技术手段营造多样化的教学场域，为完成教与学任务而展开教学活动的形式。”[⑦]大多数研究者认为，教学方式包含教的方式和学的方式，有的着重强调教的方式。结合专家观点，本研究认为教学方式是指为了完成教学任务而采用的教学方法、教学手段、教学组织形式、教学评价方式等，包含教师教的方式和学生学的方式。

技术革命与课堂教学互相促进。技术革命带来技术进步，技术进步自然又会促进课堂教学方式变革。教学方式变革指现在的教学方式较以前有变化

---

① 王道俊，郭文安．教育学[M]．北京：人民教育出版社，2016：149.

② 王道俊，郭文安．教育学[M]．北京：人民教育出版社，2016：149.

③ 顾明远．教育大辞典[M]．上海：上海教育出版社，1998.

④ 十二所重点师范大学联合编写．教育学[M]．北京：教育科学出版社，2002.

⑤ 李森，杨正强．论教师的教学方式及其变革[J]．当代教师教育，2008(1)：33-37.

⑥ 张武升．教学论问题争鸣研究[M]．天津：南开大学出版社，1994：238.

⑦ 沈小碚，罗章．论智慧教育视域下教学方式的变革趋势[J]．教师教育学报，2021，8(2)：57-65.

或有革新。如果从教学媒介的角度看，教学方式大致可以分为：传统教学、电化教学、互联网教学(远程教学、在线教学)、数字化教学、智能化教学。

教学方式变革是指相对于传统的教学方式而言，教师在智能时代，教学环境、教学方法、教学资源、教学手段、教学媒体、教学评价等方面发生改变，同时，学生的学习方法、学习内容、学习手段等也发生改变。教学方式变革要在转化上下功夫，学生对知识的转化，必先有教师对知识的转化①。在智能时代，信息化课堂教学已经成为常态。教学方式变革还体现在课堂教学结构的变革，具体体现在教师、学生、知识和媒体等四要素的地位和作用的改变②。本研究中教学方式变革的研究视角是基于多元数字资源适配性应用，因此，依据何克抗教授的信息化课堂教学结构变革理论，主要指在教师、学生、教学内容、教学媒体等四个方面的变革。

五、数字资源

数字资源是以数字形式存在的信息集合。数字资源作为国家重要战略资源，产生于社会生产、生活的各个方面，是社会的“记忆”，是社会发展的基础。与实物资源、文本资源、模拟技术生成的信息资源等相比，数字资源在生成、复制、传输和利用等方面具有无可比拟的优势。当今，数字资源的数量呈几何级数增长态势，正逐步成为人类信息资源的主体。③ 数字资源是一种信息资源，常常需要通信技术、计算机技术及多媒体技术支持，以数字形式发布、存取、利用。现在，人类社会进入智能时代，数字资源往往具有数字化、网络化、智能化等特点。

近年来，我国对数字资源应用有一系列顶层设计与部署。2018 年 9 月，中共中央、国务院印发《乡村振兴战略规划(2018—2022 年)》，指出要积极发展“互联网+教育”，推进乡村学校信息化基础设施建设，优化数字教育资源公共服务体系。可以看出，乡村学校信息化、数字化建设已纳入了国家乡村振兴战略规划。2019 年 2 月，中共中央、国务院印发《中国教育现代化

① 郭华. 教学方式变革要在“转化”上下功夫[J]. 人民教育，2022(11)：1.
② 何克抗. 中国特色创新型教育信息化理论与实践[M]. 北京：人民教育出版社，2019：293.
③ 谢永宪. 数字资源长期保存研究[M]. 上海：世界图书出版公司，2011：I.

2035》，就智能化校园、现代技术应用、数字教育资源建设、现代化管理与监测等方面做出了部署，这些都是教育现代化的措施，而最后指向的目标是“优质均衡”。2020年3月，教育部发布《关于加强“三个课堂”应用的指导意见》。我国人口众多，东西、城乡区域发展还不均衡，不难看出，加强“三个课堂”应用关键需要有充足、优质的数字资源，目标指向“优质均衡”。2020年8月，教育部等六部门印发的《关于加强新时代乡村教师队伍建设的意见》指出，实施中小学教师信息技术应用能力提升工程2.0，组织城乡学校结对建立智能同步课堂，促进信息技术、智能技术与教育教学的深度融合。该文件对智能技术促进新时代乡村教师队伍建设、教育信息化做出了专门部署。2021年7月，教育部等六部门发布的《关于推进教育新型基础设施建设构建高质量教育支撑体系的指导意见》指出，开发基于大数据的智能诊断、资源推送和学习辅导等应用，促进学生个性化发展；开发基于人工智能的智能助教、智能学伴等教学应用，实现“人机共教、人机共育”，提高教育教学质量。该文件希望通过推进教育新基建，加强数字资源应用，助推教学方式变革，实现乡村教育高质量发展。

本研究所指的数字资源是教育领域的数字资源，常常叫作教育数字资源，主要是指基础教育领域的数字教育资源。丰富优质的教育数字资源是教育信息化向纵深推进的关键，已经成为信息化教学不可缺少的教学要素，直接影响着教学效果的好坏。①

教育数字资源种类丰富，分类方式也多种多样。按功能可分为教学素材和辅助程序数字资源，按组织形式可分为教学素材库、课件库、教案库、图片库、论文库、习题库等数字资源，按使用对象可分为学生类、教师类、家长类、师生家长共用类等数字资源，按表现形式可分为静态和动态数字资源②，按学习方式可分为个体任务型、微型课件型、小组合作型等数字资源③。本研究所采用的数字资源指按学习方式分类的数字资源。因单纯使用

---

① 杨文正. 数字教育资源优化配置模式与机制创新[M]. 北京：科学出版社，2018：1，3.

② 数字教学资源的定义与分类[EB/OL]. https：//wenku. baidu. com/view/8b9f6baa690203d8ce2f0066f5335a8102d266cd. html? _ wkts_ = 1687491083206&bdQuery = % E6% 95% 99% E8% 82% B2% E6% 95% B0% E5% AD% 97% E8% B5% 84% E6% BA% 90% E7% 9A% 84% E5% 88% 86% E7% B1% BB.

③ 黄荣怀，陈庚，张进宝，等. 论信息化学习方式及其数字资源形态[J]. 现代远程教育研究，2010(6)：72.

一种数字资源并不能解决所有问题，因此，本研究提出使用多元数字资源来驱动教学方式变革，以消除单一数字资源应用的局限性。同时，数字资源种类繁多，所选择的数字资源是否适合乡村小规模学校，值得教师认真选择、甄别。因此，本研究提出要适配性应用数字资源。

本研究基于多元数字资源适配性应用，驱动乡村小规模学校教学方式变革，助力缓解乡村小规模学校专业学科教师缺乏、教师整体水平不高、课程开不齐开不好等问题，进而助力提高乡村小规模学校的教学质量。

六、智慧教育

习近平总书记在致国际人工智能与教育大会的贺信中指出，人类社会迎来“人机协同、跨界融合、共创分享”的智能时代。新一代互联网、云计算、人工智能、大数据、区块链、机器人、VR、AR 等技术已经在各行各业得到广泛应用。在第四次工业革命与教育信息化的助推下，教育得到快速发展，促使教育内部各要素、各流程、各领域不断迭代、优化、升级，正推动着新一轮教育变革。人工智能变革教育已成全球共识。在人工智能时代，人工智能与教育相互赋能①。在智能时代，教育将变得越来越智慧，学术界普遍把教育信息化的高端形式、智能时代的教育称之为智慧教育。

近年来，许多国家都将智慧教育作为教育发展的重大战略。美国自 1996 年开始稳步制定和推进国家教育信息化发展战略，在 2010 年的“NETP”计划中侧重利用信息技术构建技术支持下的 21 世纪学习模型；马来西亚自 1996 年开始实施“智慧学校(Smart School)计划”；新加坡 2014 年推出了“智慧国家 2025 计划”，兴建“未来学校”和“教育实验室”；韩国于 2011 年在其高度发达的信息通信技术基础上颁布了智能教育推进战略②。

我国的智慧教育起源于 20 世纪 90 年代科学巨匠钱学森提出的“大成智慧学”，强调利用现代科学技术培养人的高级智慧。我国在 2005 年成立了“中国智慧工程研究会”，致力于研究智慧科学。2012 年，“国际智慧学习环

---

① 黄荣怀，王运武，焦艳丽. 面向智能时代的教育变革：关于科技与教育双向赋能的命题[J]. 中国电化教育，2021(7)：22-29.

② 张茂聪，鲁婷. 国内外智慧教育研究现状及其发展趋势：基于近 10 年文献计量分析[J]. 中国教育信息化，2020(1)：15-22.

境协会”由跨学科专家发起成立，同时创刊学术刊物《智慧学习环境国际期刊》；2014 年 7 月，在香港举行了首次国际智慧学习环境大会①。

2015 年 3 月 18 日，北京师范大学和网龙华渔教育科技有限公司联合成立智慧学习研究院。2018 年 4 月，教育部印发的《教育信息化 2.0 行动计划》提出，要“以人工智能、大数据、物联网等新兴技术为基础，依托各类智能设备及网络，积极开展智慧教育创新研究和示范，推动新技术支持下教育的模式变革和生态重构”。2019 年，教育部启动教育信息化 2.0 试点，并启动智慧教育示范区创建工作。随之，从国家层面一系列与智慧教育有关的文件纷纷出台。随着诸多 IT 企业参与进来，智慧教育逐渐成为热门话题，一批批智慧学校、未来学校逐渐成长起来，智慧教育研究逐渐走向深入。

第二节　乡村小规模学校

截至笔者创作此书之时，在中国知网输入关键词“小规模学校”“农村小规模学校”或“乡村小规模学校”搜索，共检索到有效文献 338 篇(图 2-1)。利用中国知网的可视化分析软件得出，自 2014 年后，关于乡村小规模学校的研究成果大体呈逐年增加趋势。从研究主题看，主要聚焦在宏观政策、乡村教师、公用经费、教学点等方面。

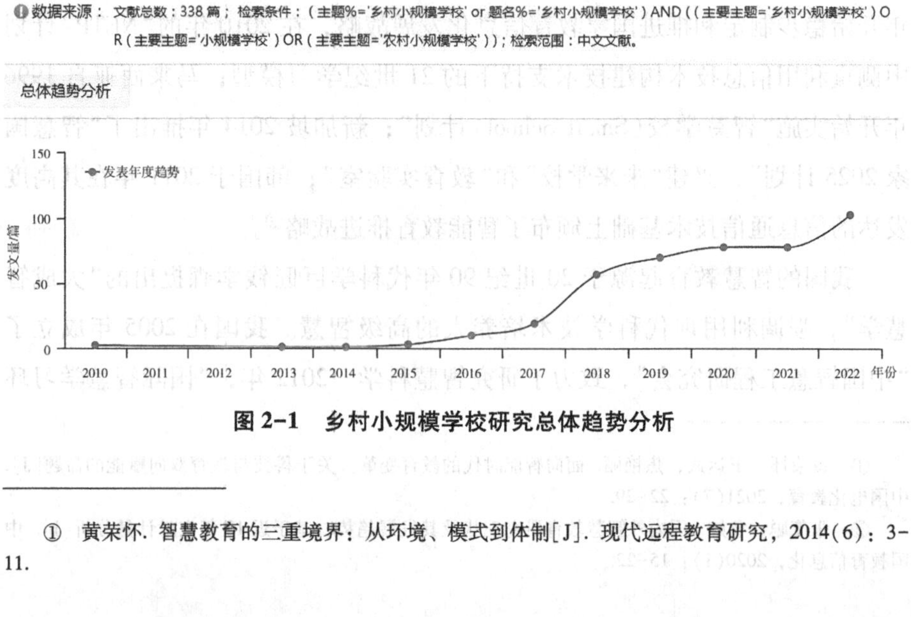

图 2-1　乡村小规模学校研究总体趋势分析

① 黄荣怀. 智慧教育的三重境界：从环境、模式到体制[J]. 现代远程教育研究，2014(6)：3-11.

一、关于乡村小规模学校宏观政策的研究综述

2022年8月18日，《2022年中国乡村教育发展报告》发布，该文件把我国乡村教育分为三个阶段：城乡二元结构的乡村教育阶段(新中国成立以后至2007年党的十七大)、城乡一体化中乡村教育的城镇化阶段(2007年党的十七大至2017年党的十九大)、新时期优质均衡的城乡一体化融合发展阶段(2017年党的十九大以后)。[①]

(一)城乡二元结构的乡村教育阶段教育政策梳理

新中国成立以后，我国一直坚持统筹城乡教育发展，以新型城镇化为现实场景，坚持乡村教育可持续发展。[②] 这一时期的乡村教育核心思想是努力保障“有学上”。

新中国成立后，我国乡村社会持续蓬勃发展，促进了乡村教育同步发展，具体体现在：1956年社会主义三大改造结束后，1958年我国乡村社会开始实施人民公社制度，推动了乡村教育与生产劳动相结合；20世纪60年代至70年代，乡村教育被迫中断，我国乡村教育处于一种极度混乱的状态；20世纪80年代至90年代，随着改革开放政策的实施，城乡差别越来越大。中共中央、国务院于1999年颁布《关于深化教育改革全面推进素质教育的决定》，该文件中有一些专门针对乡村教育的内容，对乡村教育产生了深远影响。例如，基本普及九年义务教育和基本扫除青壮年文盲(简称“两基”)，是全面推进素质教育的基础；各地要制定政策，鼓励大中城市骨干教师到基础薄弱学校任教或兼职，中小城市(镇)学校教师以各种方式到农村缺编学校任教，加强农村与薄弱学校教师队伍建设。

2000年以后，我国继续在乡村教师配备上发力，“农村服务计划”为我国乡村教育培养了大量人才。2005年11月，中共中央办公厅、国务院办公厅制定的《关于进一步加强农村文化建设的意见》提出“高校毕业生到农村服务计划”。2006年5月，教育部、财政部、原人事部、中央编办联合下发《关于

① 李庆.《2022年中国乡村教育发展报告》发布[N]. 公益时报，2022-8-23(16).

② 李森，张鸿翼. 当代中国乡村教育研究[M]. 广州：广东教育出版社，2018：7.

实施农村义务教育阶段学校教师特设岗位计划的通知》，从 2006 年秋季开始，开始特设岗位教师充实到乡村小规模学校任教。从此，这批特岗教师为促进义务教育均衡发展发挥了重要作用。此外，国家还通过采取“国培计划”等措施，为乡村教育培养了大批优秀的教师队伍。

1949—2007 年，我国城市与乡村发展不平衡，城乡差别明显。据调查，新中国成立后，我国每个村都设有村办小学，规模较大的村办有完全小学，规模较小的村办有不完全小学。在 20 年纪 80 年代，农村到处可见“再穷不能穷教育，再苦不能苦孩子”“人民教育人民办，办好教育为人民”等宣传标语。此期间出台的《中华人民共和国义务教育法》(1986 年)是最重要的教育政策，普及九年义务教育成为这一时期的工作重心，较好地促进了乡村教育的发展。2003 年党的十六届三中全会提出统筹城乡教育发展，2006 年党的十六届六中全会提出新农村建设和城乡协调发展。

2007 年农村义务教育阶段的学杂费全部免除，成为这一时期我国乡村教育最重要的里程碑。这一时期，国家教育事业的突出成就是扫除青壮年文盲、普及九年义务教育，乡村小规模学校在其中功不可没。

(二)城乡一体化中乡村教育的城镇化阶段教育政策梳理

2007—2017 年期间，我国乡村教育进入城乡一体化的城镇化阶段。2008 年 10 月，《中共中央关于推进农村改革发展若干重大问题的决定》提出，到 2020 年，农村改革发展基本目标任务包括城乡基本公共服务均等化明显推进，城乡经济社会发展一体化体制机制基本建立，农村人人享有接受良好教育的机会。2010 年 7 月，我国发布了《国家中长期教育改革和发展规划纲要(2010—2020 年)》，指出：“加快缩小城乡差距。建立城乡一体化义务教育发展机制，在财政拨款、学校建设、教师配置等方面向农村倾斜。率先在县(区)域内实现城乡均衡发展，逐步在更大范围内推进。”该文件为 2010—2020 年这十年的教育发展发挥了指南的作用。

2012 年 9 月，国务院印发的《关于深入推进义务教育均衡发展的意见》指出，着力提升农村学校和薄弱学校办学水平，全面提高义务教育质量，努力实现所有适龄儿童少年“上好学”，深入推进义务教育均衡发展。该政策的出台，让“发展好乡村小规模学校”成为全社会的共识。同月，国务院办公厅发布《关于规范农村义务教育学校布局调整的意见》，该文件为撤并学校下了"紧箍咒"，撤并学校的专项规划需上一级政府审批，并逐层上报，如果未完成农村义务教育学校布局专项规划备案，不准撤并农村义务教育学校。

2015年6月，国务院办公厅印发的《乡村教师支持计划（2015—2020年）》指出，到2017年，力争使乡村教师资源配置得到改善，逐步形成"下得去、留得住、教得好"的局面；到2020年，努力造就一支坚守乡村、乐于奉献、业务能力优秀的教师队伍，为基本实现教育现代化提供坚强有力的师资保障。该政策为促进城乡学校教师之间的交流，提高革命老区、少数民族地区、边疆地区、贫困地区、岛屿地区的乡村教师质量发挥了重要作用。

此时的乡村教育得到了长足的发展，但发展不平衡的问题依然存在。这一时期，从整体来看，乡村教育存在教师工资水平低、地位不高，乡村教师数量配备不足、整体教学质量不高等问题，一直制约乡村教育的优质发展。

（三）新时期优质均衡的城乡一体化融合发展阶段教育政策梳理

2017年党的十九大以后，乡村教育进入新时期优质均衡的城乡一体化融合发展阶段。2018年，国务院办公厅印发《关于全面加强乡村小规模学校和乡村寄宿制学校建设的指导意见》，该文件对乡村小规模学校的设置进一步细化，为地方学校规范撤并指明了方向，让乡村小规模学校的设置更加理性。

2018年1月，中共中央、国务院发布《关于全面深化新时代教师队伍建设改革的意见》，为提高中小学教师的质量发挥了重要作用，进一步增加了教师职业的吸引力，让越来越多的年轻人加入了教师的行列。2018年9月，中共中央、国务院印发《乡村振兴战略规划（2018-2022年）》，该文件的出台，使乡村教师生活补贴政策得以落地。2019年6月，中共中央、国务院颁布的《关于深化教育教学改革全面提高义务教育质量的意见》指出，要增加农村教师培训机会；实施乡村优秀青年教师培养奖励计划；落实乡村教师津贴等政策，有条件的地方对在乡村有教学任务的教师给予交通补助；加强乡村学校教师周转宿舍建设。该文件以深化教育教学改革为杠杆，以提高教育质量为目标，再次就乡村教师的待遇、培训、奖励等方面做了规定。

2019年2月，中共中央、国务院印发的《中国教育现代化2035》指出，到2035年，义务教育的发展目标是实现优质均衡，首次把教育均衡发展的目标修订为“优质均衡”。2019年5月，中共中央、国务院发布《关于建立健全城乡融合发展体制机制和政策体系的意见》后，长沙高新区建立了城乡校联体模式，成为湖南省教育改革典型案例。

2020年1月，《中共中央、国务院下发的关于抓好“三农”领域重点工作确保如期实现全面小康的意见》指出，要有计划安排县城学校教师到乡村支教；保障中小学教师平均工资收入水平，教师职称评聘向乡村学校教师倾斜；符合条件的乡村学校教师纳入当地政府住房保障体系。该文件继续就保障乡村教师的待遇做出规定。2020年8月，教育部等六部门联合发布《关于加强新时代乡村教师队伍建设的意见》，该文件是专门为加强乡村教师建设制定的，指向性非常明确，措施具有可操作性，对乡村教师的优惠政策多，体现了国家对乡村教师队伍建设的高度重视。

中共中央、国务院颁布的《关于做好2023年全面推进乡村振兴重点工作的意见》强调，要推进县域内义务教育优质均衡发展，落实乡村教师生活补助政策。该文件从国家层面再次提出当前基础教育的发展目标是“优质均衡”，实现这一目标的关键是要保障乡村教师的数量与质量。

从我国乡村教育发展三个阶段制定的宏观政策看，党中央、国务院一贯重视乡村教育。随着时代发展，我国对乡村教育的政策也在逐渐调整，逐步从保障乡村学生“有学上”走向保障乡村学生“上好学”，从促进“城乡一体化”逐步走向“均衡”，最终实现“优质均衡”。

（四）国外关于乡村教育宏观政策的研究综述

放眼国外，很多国家制定了针对乡村教育的宏观政策。

以美国为例，《初等和中等教育法案》指出要为流动儿童提供校车，强调了要创造平等的教育机会，以减少一些流动儿童因父母外出工作造成上学不方便而可能辍学的情况[①]；2000年发布“农村教育成就项目”（简称REAP，即

① 张娜. 20世纪60年代以来美国流动儿童教育政策研究［D］. 吉林：东北师范大学，2020：22.

Rural Education Achievement Program)[①]，目的是提高农村教育质量；为促进城乡教育均衡，2002 年出台《不让一个孩子掉队法案》(简称 NCLB，即 No Child Left Behind Act)，旨在通过考试来监测不同学校之间的教学质量，促进教育均衡；2015 年制定《让每个学生成功法》(简称 ESSA，即 Every Student Succeeds Act)，该法可以说是对《不让一个孩子掉队法案》的修订，更加注重理科，加上了对信息技术的考核内容；为了提升农村教育的质量，充分利用教育信息化，2017 年发布了《成功指南：农村学校个性化学习实施策略》(A Guidebook for Success：Strategies for Implementing Personalized Learning in Rural Schools)[②]。

俄罗斯是世界上面积最大的国家，为了促进乡村与城市教师的均衡配置，2019 年，俄罗斯启动“泽姆斯基教师”(Zemsky Teacher)计划。[③]

日本 1954 年颁布的《偏僻地区教育振兴法》，要求地方政府与国家一道，为振兴偏僻地区教育出台相应的政策，以求全面提高偏僻地区的教育水平。[④]

1967 年 1 月，韩国出台《岛屿、偏僻地区教育振兴法》，从国家层面规定了振兴岛屿和偏僻地区义务教育的具体政策。[⑤]

二、乡村小规模学校经费保障措施

要发展好优质的乡村小规模学校，离不开政府财政的支持。放眼国外，很多国家对乡村教育经费有专项保障措施。以美国为例，2000 年 12 月，时任美国总统克林顿签署“农村教育成就项目”(REAP 项目)，REAP 项目为美国农村学区的资金保障和灵活政策提供了坚实的支持，该法案出台的目的是助力广大乡村地区更加高效地利用好联邦资源，提高乡村地区学生的学习成

---

① U. S. Department of Education. Rural Education Achievement Program[EB/OL]. (2011-11-19)[2021-05-11]. http：//www. ed. gov/programs/reapsrsa/index. html.

② 於琦. 21 世纪美国联邦政府农村教师支持政策研究[D]. 金华：浙江师范大学，2020：41-59.

③ ПУТИНВВ. Послание Президента Федеральному Собранию[EB/OL]. (2019-02-20)[2021-05-17]. http：//www. kremlin. ru/events/president/news/59863.

④ 任春荣，左晓梅. 日本乡村小规模学校发展经验及对我国的启示[J]. 外国中小学教育，2019(4)：40.

⑤ 韩春花，孙启林. 韩国农村小规模学校合并政策实施效果及对策研究[J]. 外国教育研究，2010，37(11)：11.

绩，提高乡村学校的教育质量，这是美国历史上第一次专门针对乡村地区教育实施的拨款法案。[①] 日本《学校教育法》规定：学校经费由举办者承担，国家为公立中小学提供学校运营经费，依据学校学生数量或班级数量，向地方分配所得税。[②] 韩国《岛屿、偏僻地区教育振兴法》规定，国家为了振兴岛屿和偏僻地区的义务教育，要优先于其他地区采取各项措施，优先支付所需的经费。[③]

我国2021年修订的《中华人民共和国义务教育法》规定，国家实行九年义务教育制度，不收学费、杂费；国家建立义务教育经费保障机制，保证义务教育制度的实施。

我国对乡村小规模学校的经费保障也采取了专门的措施。如国务院2016年发布的《关于进一步完善城乡义务教育经费保障机制的通知》规定，从2016年春季学期开始，统一城乡义务教育学生生均公用经费基准定额；继续落实好农村不足100人的规模较小学校按100人核定公用经费等政策；县级人民政府要保障规模较小学校正常运转。随着教育投入加大，一批乡村小学校旧貌换新颜。据《钱江晚报》报道，浙江省淳安县花费1000万元对富文乡中心小学进行了改造，让该校成为浙江最美乡村小学。无独有偶，北京房山区蒲洼小学的硬件条件比市内的老牌公立学校还要好。[④]

三、乡村小规模学校师资保障

城乡教育发展不平衡是各国普遍存在的问题，其中，最主要的不平衡是师资配备不平衡。各国都在采取措施，保障优秀师资尽可能在乡村学校下得去、留得住、教得好。

为了改变城乡教师资源不均衡的严峻态势，俄罗斯于2019年启动了“泽姆斯基教师”计划，该计划通过公开申报、竞争上岗、重奖支持、全程监督

---

① 周仕雅. 欧美国家农村公共财政制度及典型做法[J]. 浙江经济，2005(15)：39-41.

② 任春荣，左晓梅. 日本乡村小规模学校发展经验及对我国的启示[J]. 外国中小学教育，2019(4)：40.

③ 韩春花，孙启林. 韩国农村小规模学校合并政策实施效果及对策研究[J]. 外国教育研究，2010，37(11)：11.

④ 何帆. 因为罗振宇跨年演讲，这所神奇的山区小学让无数人牵挂[EB/OL].（2019-01-09）[2010-10-15]. https：//www. sohu. com/a/287719457_ 421558.

的方法，选拔一批优秀乡村教师，使其安心在乡村从教，越偏僻的地方得到的奖励越大。这一计划实现了乡村教师需求与供给的精准匹配，激发了乡村教师内外驱动力，促进了乡村教育与优质师资的双向赋能，对乡村学校发展、教师专业成长、乡村教育质量提升起了明显作用①。

在美国农村，同样存在高素质教师数量不足、教师缺乏、教师流动率非常高等问题，也一直制约着农村地区的教育发展，导致农村教育发展滞后。美国联邦政府 1965 年制定《中小学教育法》，由此正式开启了对农村教师的支持、干预。从 20 世纪末到 21 世纪初，美国联邦政府又出台了一系列政策，支持农村教师队伍的建设。例如，1983 年，美国国家高质量教育委员会发布了《国家处在危险之中：教育改革势在必行》的报告，着重提出要培养高质量的教师。1994 年，联邦政府颁布《2000 年教育目标》，提出要支持教师专业发展，并改善教师的工作环境。2000 年 12 月，克林顿签署通过了“农村教育成就项目”，该项目在保障薪酬待遇和提高农村教师专业素质等方面提供财政援助。小布什于 2002 年 1 月签署《不让一个孩子掉队法》，该法案在很大程度上对美国农村教师队伍的发展起了促进作用，有几个章节都谈到了怎样支持教师队伍建设。2015 年 12 月颁布的《每个学生都成功法案》从多方面支持教师队伍的建设。为了提升农村教育的质量，美国于 2017 年发布《成功指南：农村学校个性化学习实施策略》，这是专门针对农村地区的教育信息化发展实施策略，该政策希望通过改善广大农村地区的教育技术条件，助力广大地处农村地区的教师和学生获得更多的技术支持，提升他们的个人专业素质。②

在日本，《偏僻地区教育振兴法》中有一项重要政策，就是实行偏僻地区津贴，数额最高为工资及抚养津贴月额总数的 25%。后来又不断进行了修订，规定“国家有改善小规模学校教学条件的责任，同时必须取消复式班级”。国家通过增加教师配额、调配优质师资的策略，试图解决偏僻地区小

① 刘宇佳. 优质师资赋能乡村教育：俄罗斯“泽姆斯基教师”计划多维审思[J]. 比较教育研究，2022，44(5)：70-77.

② 於琦. 21 世纪美国联邦政府农村教师支持政策研究[D]. 金华：浙江师范大学，2020：34-60.

规模学校师资短缺的问题。①

在韩国，1967 年颁布的《岛屿、偏僻地区教育振兴法》提出，通过改善农村及岛屿地区教师的生活、工作条件，提高他们的待遇，激发岛屿和偏僻地区教师的工作热情，提供优先进修、升职机会……最终达到稳定农村小规模学校教师队伍的目的。②

在我国，2015 年 6 月，国务院办公厅印发的《乡村教师支持计划(2015—2020 年)》指出，要重点支持中西部老少边穷岛等贫困地区补充乡村教师；要统一城乡教职工编制标准，对村小学、教学点编制按照生师比和班师比相结合的方式核定。2015 年 11 月，国务院印发的《关于进一步完善城乡义务教育经费保障机制的通知》明确规定，要完善编制岗位核定，提高乡村教师待遇。

2017 年 12 月，研究者调查发现，21 世纪教育研究院评选出来的首批“小而美”种子学校中，师生配备都较充足，远高于教育部师生比 1∶19 规定，多所学校的教师配备标准高于国家班师比 1∶1.7 的标准，具体情况见表 2-1③。

表 2-1　21 世纪教育研究院评选出的首批“小而美”种子学校师生基本情况

学校名称	班级数	教师人数	学生人数	师生比
四川省广元市范家小学	5	13	43(另有 28 幼儿)	1∶5.5
四川省广元市石龙小学	6	27	165(另有 88 幼儿)	1∶9.37
北京市房山区蒲洼小学	6	15	48	1∶3.2
河南省开封市程庄小学	6	13	132(含学前班)	1∶10.2
河南省商丘市王二保小学	6	10	113	1∶11.3

① 王丽雅. 发达国家农村小规模学校布局调整政策的比较分析：美国、英国、日本、韩国四国案例分析[J]. 课程教育研究，2018(2)：21-22.

② 王丽雅. 发达国家农村小规模学校布局调整政策的比较分析：美国、英国、日本、韩国四国案例分析[J]. 课程教育研究，2018(2)：21-22.

③ 21 世纪教育研究院. 去村里，看看学校的变化与成长：“小而美”种子学校开放日[EB/OL]. http：//k. sina. com. cn/article_ 1588701027_ 5eb1a763019006jth. html.

长沙高新区乡村小规模学校按班师比 1∶2 配教师，还实行一所乡村小规模学校与一所城区优质学校结成校联体，每期由城区校区派出骨干教师、音体美教师到乡村校区走教或支教，党员活动、德育活动、教研活动、教师培训、工会活动等统一进行，有力促进了城乡一体化发展，有力保障了教育优质均衡。①

四、乡村小规模学校教学组织形式

（一）小班额课堂教学

在城镇学校，小学班额一般是 40~45 人。而乡村小规模学校最大的优势是班额比城市学校标准班额小，如果城乡师资水平能做到均衡，毫无疑问，乡村小规模学校的教学质量明显要高于城市学校，因为在乡村小规模学校，教师能更好地因材施教，学生将得到更多的关爱。

在小班额教学中，教师既能更好地实现教育的公正、公平，更容易做到面向全体学生，还能采取灵活多样的教学模式，从而促进学生个性化发展，充分挖掘学生的潜能和智慧，让小朋友们在融洽、轻松的学习环境中愉快学习、健康成长。②

在小班额的教学环境中，教师更有利于加强对教学方法的研究，可为优化教学方法奠定良好条件。例如，教师与学生的面对面交流比城区学校学生更多。在批改作业时，教师可以把学生叫到身边，和学生一同批改，及时、细致进行评阅、讲解、辅导。③ 做科学实验时，甚至可以做到人手一份实验器材，教学效果更好。因为班级人数少，教师的精力可以更多地投入到教学中去，而不像大班额班级授课那样，经常要花很多精力去维持课堂纪律。

但是，乡村小规模学校的教学也有一些弊端，因为教师配备数量有限，往往存在结构性缺编的问题，特别是音乐、美术、体育、信息技术、科学、

① 张爱平．校联体实现“四统筹”［N］．中国教师报，2020-05-20(14)．

② 宋文娟．农村小学小班额教学的优势［J］．林区教学，2015(8)：123．

③ 展宗艳．农村小班额教学与城镇标准化班额教学比较研究的实验报告［J］．科学咨询（教育科研），2020(3)：93．

综合实践等学科教师通常情况下都配不齐，一位教师需要任教3门以上的学科。教师跨年级、跨学科教学也是常态，有的乡村小规模学校教师要任教4门课程，有的教师甚至要任教一个班级的所有课程，即采取包班制的教学方式。这样的包班制教学，教学质量令人担忧，因为一位教师要精通、熟练掌握所有学科知识，胜任所有学科的教学，实在太难。

乡村小规模学校的教学往往面临三重矛盾：先进的教学理念与落后的教学基础之间的冲突、教学延伸需求与教师对本土文化了解缺乏之间的落差，以及教学质量要求与教师精力不足之间的失衡①，这也是乡村小规模学校不容回避的问题。

（二）复式教学

部分乡村小规模学校，特别是教学点或一位教师的单人校，因学生人数少，教师自然也少，往往一位教师一节课中要同时教两个年级。复式教学主要以“动静搭配”模式为主，一般采用两个年级交替上课，但存在两个年级互相割裂、互相干扰的问题。也有不少教师提出“同动同静”的教学策略，把两个不同年级的内容有机糅合在一起，为两个不同年级的学生同时上课。②

不管是采取“动静搭配”还是“同动同静”模式，复式教学是乡村小规模学校迫不得已而采取的教学方式，存在一些弊端，在一定程度上限制了学生的学习，也不利于课堂教学质量的提升。许多国家已不认可此种教学方式，如日本政府颁布法律，要求尽可能取消复式教学。

综上所述可以看出，很多国家都普遍存在大量乡村小规模学校，各国乡村小规模学校在发展道路上都面临了一些相同的困境，各国政府都在千方百计保障乡村小规模学校健康发展，制定了一系列促进乡村小规模学校的宏观政策，以保障乡村小规模学校的经费投入、师资配备、硬件设备等资源供给，并推动教学质量持续改进。为了促进乡村小规模学校发展，有些国家，

---

① 朱夏瑜. 新时代乡村小规模学校教师教学困境与提升路径[J]. 内蒙古教育，2021(18)：17-21.

② 赵文军. 农村小规模学校课堂教学中的“同动同静”复式教学模式探究[J]. 西部素质教育，2018，4(6)：218-219.

如日本、韩国、美国制定了专门的法律，我国也针对乡村小规模学校制定了一系列宏观政策，从经费保障、师资配备与培养、布局调整等方面做出了具体规定，但还没有专门针对乡村小规模学校的法律。从教学组织形式看，乡村小规模学校普遍采用小班化教学、复式教学等，这是区别于城区学校的最大特点。

要发展好乡村小规模学校，保障教师配备和办学经费是重中之重，这已成为各国共同关注的焦点。当前，各国发展程度不一致，城乡差别还不能完全消除，特别是在我国，乡村小规模学校数量多、覆盖面广、发展不平衡，部分地方的乡村小规模学校办学依然存在诸多困难。因此，仍需加大力度促进乡村小规模学校良性发展，这需要社会、学校和家庭共同努力，需要党和国家在政策支持、经费投入、教师配备、技术支持等方面持续发力，久久为功，促进乡村小规模学校走上高质量发展之路。

第三节　智能时代教学方式变革

2021 年 7 月 21 日，笔者在中国知网输入关键词“智能时代的教育”进行检索，发现同时出现“智能时代”和“教育”的文献共计 1478 篇，其中，大部分都是在 2016 年以后出现的文献，文献量呈指数级递增趋势。由图 2-2、图 2-3 可见，关于人工智能时代的教育是当今的热门研究主题，关于人工智能的研究以高校领衔为主。

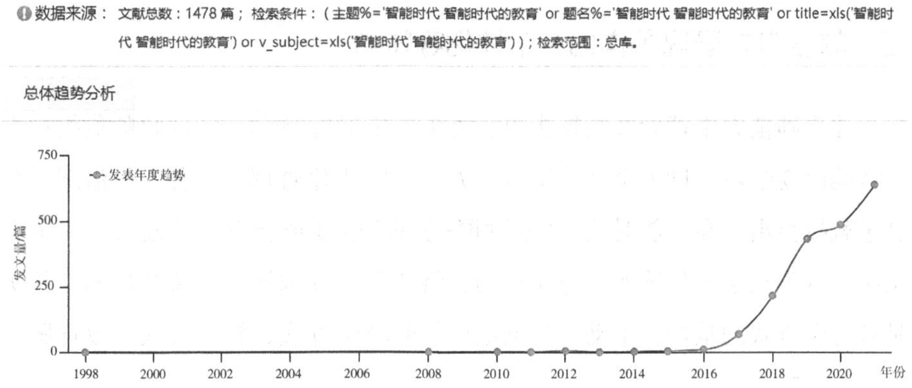

图 2-2　关于“智能时代的教育”研究趋势分析

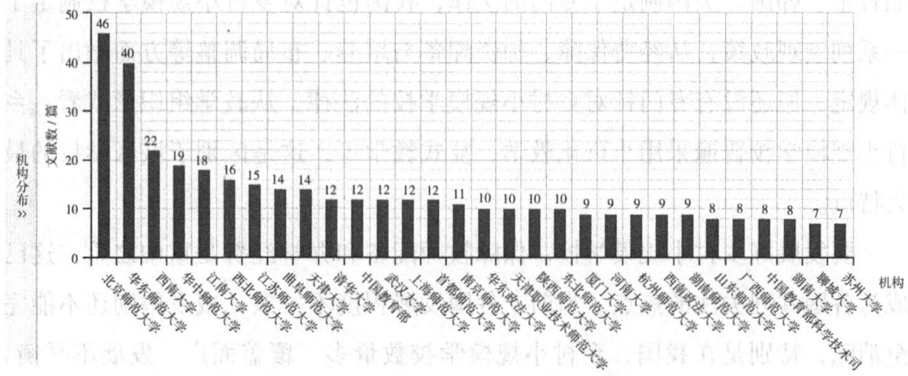

图 2-3 “智能时代的教育”科研成果产出量可视化分析图

一、学习内容呈现数字化、智能化等特点

联合国教科文组织曾做过一项研究，发现随着信息通信技术的深入应用，人类知识更新速度不断加快。二十世纪六七十年代，五至十年知识就更新一次；而到了二十世纪八十至九十年代，知识更新周期减少为五年；进入二十一世纪，知识更新周期更短，约为两至三年。①

当今，是知识爆炸的时代，各种互联网资源和学习 APP 层出不穷，各种数字资源如文本资源、视频资源、音频资源等应有尽有，纸质资源被冷落，但大都已转化为数字资源，学习内容将呈现数字化、智能化、个性化趋势。很多视频网站、搜索引擎都可以根据用户的喜好，智能推送学习资源。

二、教学方式呈现多样化、个性化等特点

北京师范大学黄荣怀教授指出，人工智能赋能教学，降低教师负担；人工智能改变学习，助力个性化培养；人工智能优化管理，改善学校治理。余胜泉教授指出，在智能时代，“互联网+教育”的变革会重构学校教育的生态系统，首先是学校环境的智慧化重构，将从数字校园转型为智慧校园；其次是教与学方式的重构，推动学校创造出新的教学方式、教学模式和教育服务

① 知识更新周期[EB/OL].(2021-07-21)[2024-10-09]. https://baike. baidu. com/item/知识更新周期/4672969.

新业务；最后是管理与评价的重构，选择性、适应性、个性化、精准性，这是未来学校变革的基本趋势。① 在智能时代，教师教学方式将呈现多样化趋势，混合式教学可能成为常态，面对面教学将与网络在线教学、移动教学、泛在教学、虚拟现实教学等模式相融合。学生只要有合适的学习工具，便可以实现个性化学习、移动学习、泛在学习。

在智能时代，智能机器人将引发教师角色的变革，实现“双教师制”；人工智能将促进个性化学习，引发学习方式变革；人工智能将改善教学过程，引发教学管理变革。同时，教育人工智能也存在一些问题和风险，如面对突发事件缺乏灵活性、缺乏情感教育、隐私保护受到挑战、产生伦理问题、缺乏强力技术支撑等。②

三、智能机器人与真人教师将互补共存

在未来，人工智能不会完全取代教师，无论任何时候，我们教育的对象不会变，教育的本质不会变，但不会使用 AI 技术的教师可能会被淘汰。③ 智能时代的教学变革体现在三个方面：从时间上看将走向个性化，从空间上看将走向开放性，从师生关系上看将是主体性升华，教师和学生都是知识的消费者、生产者，是人类命运共同体建设者的参与者。④ 朱永新教授认为，今天的学校会被未来的学习中心取代，未来的教育会进入“人机共教”的新时代。未来的智能机器人会帮助教师更好地从教，但教师职业不会消失，也不会被智能机器人取代；未来的教师需要熟练地使用智能技术查找资源、分析教育问题、寻求最佳解决办法。⑤

在智能时代，数字媒体已经彻底改变了信息社会，信息和通信技术的进步已经极大地改变了学习和教学过程，开辟了新的学习机会，并提供了远远

---

① 余胜泉. 互联网+教育：未来学校[M]. 北京：电子工业出版社，2019：VI.

② 戴馨，吴亮，廖雨婷. “人工智能+教育”：融合与冲突的路径探索[J]. 中国教育信息化，2020(11)：58.

③ 邹太龙，康锐，谭平. 人工智能时代教师的角色危机及其重塑[J]. 当代教育科学，2021(6)：94.

④ 肖启荣. 人工智能时代教学变革的“三维一体”[J]. 教育理论与实践，2020，40(13)：61，64.

⑤ 朱永新. 未来学校：重新定义教育[M]. 北京：中信出版社，2019.

超出传统教育所能给予的的机会。农村环境中的信息和通信技术工具，可以通过提供对改善其日常生活至关重要的服务，帮助解决农村贫困学生的困境。[①]

综上所述，可以看出，研究者普遍认为，在智能时代，随着智能技术的普遍应用，教学方式必然会发生一些变革，但教育的本质不会改变，教师职业不会消失。在未来，教师必须学会利用智能技术授课，但也要更加关注学生的情感发展。

第四节　数字资源驱动乡村小规模学校教学方式变革

学术界普遍把2017年10月党的十九大之前的时代称为“教育信息化1.0时代”；2017年10月党的十九大后称为“教育信息化2.0时代”。教育信息化2.0，也就是智能时代的教育。[②] 数字教育资源建设和共享是科学推进教育信息化加速发展的基础工程和关键环节。在乡村小规模学校，推进教育信息化的关键在于利用好各种能利用的数字资源。

一、信息化1.0时代的乡村小规模学校教学方式变革

在信息化1.0时代，我国一直致力于利用卫星技术、互联网技术来助力乡村小规模学校发展。为促进城乡优质教育资源共享，提高农村教育质量和效益，我国从2003年起，开展了以信息技术为手段，采取教学光盘播放点、卫星教学收视点、计算机教室等三种模式将优质教育资源传输到农村的教学方法试点工程。[③]

---

① MOJAPELO S M，DURODOLU O. Information and communications technologies in library facilities in disadvantaged rural schools in South Africa：Lessons from Limpopo province[J]. Education for Information，2022，38(2)：113-131.

② 雷朝滋. 教育信息化：从1.0走向2.0：新时代我国教育信息化发展的走向与思路[J]. 华东师范大学学报(教育科学版)，2018，36(1)：98-103.

③ 同在蓝天下，共享优质教育资源：全国农村中小学现代远程教育工程介绍[EB/OL].（2007-11-30）[2024-11-10]. http：//www. moe. gov. cn/jyb_ xwfb/xw_ fbh/moe_ 2069/moe_ 2095/moe_ 2100/moe_ 1851/tnull_ 29185. html.

该试点工程于2003年启动，2007年结束。这五年间，国家希望通过为乡村学校提供光盘资源、卫星资源和网络资源的方式，促进城乡教育公平。有三种模式可以利用这批资源：乡村小规模学校如有光盘播放器，可以利用光盘资源；例如，有多媒体教室，可以利用卫星接收的资源；如有计算机教室，可以利用计算机开展网络环境下的教学。该试点工程为乡村小学带来了新信息、新气象，一定程度上促进了乡村小学教学方式变革，如多媒体辅助教学、基于网络学习的课堂开始进入部分乡村小学。但是，该试点工程也存在一些缺陷。从资源角度看，该试点工程提供的资源没有实现网络化，用光盘、卫星方式接收的资源还只能算是静态资源，资源的使用范围非常有限；而且，有的资源与乡村小学的教材并不匹配，很零散，资源质量不高。从资源的应用角度看，由于当时乡村小规模学校的信息技术条件普遍跟不上，很多乡村小学的普通教室还没有配备班班通设备，也没有多媒体教室，教师也没有进行专门的信息化能力培训，因此，这些远程接收的资源利用率并不高。①

2012—2017年，随着“三通两平台”工程的实施，各乡村小规模学校开始普及“班班通”，乡村小规模学校的信息化条件有了明显改善。“数字学校”建设让乡村小规模学校在一定程度上解决了“开不足课、开不齐课”的问题。但是，由于乡村学生与城区学生的教育状况仍存在差距，导致课程内容难以“内化”。同时，乡村教师的信息化教学能力不足，导致乡村小规模学校距离“开好课”的目标还有一段距离。② 有的乡村学校以信息技术促教师素质提升，带动学生学习方式变革。如有的以信息技术促进乡村教师师德提升，提供区域优质资源共享平台，构建乡村教师网络共同体③；有的认为乡村教师利用网络学习空间进行学习研修非常有必要④，只有教师自己学会了怎么利用网络学习空间进行学习，才有可能引导学生学。

可以看出，在信息化1.0时代，随着乡村学校信息化条件逐渐改善，乡

① 谢艳梅. 农村中小学现代远程教育资源应用研究[D]. 武汉：华中师范大学，2007：37.

② 黄娅. “数字学校”支持乡村小规模学校的路径研究[D]. 重庆：西南大学，2017：67.

③ 吕丹. 技术支持的乡村教师专业发展研究[D]. 徐州：江苏师范大学，2017：4.

④ 孟性菊. 网络学习空间支持下的乡村教师研修模式构建研究[D]. 贵阳：贵州师范大学，2017：81.

村教师信息技术能力有所提升，信息技术对乡村小规模学校逐渐带来了一些帮助。乡村小规模学校教师普遍依托互联网、多媒体、学习空间等来辅助教学，教学方式变革主要体现在：实现了从传统的凭嘴、粉笔讲授到使用多媒体教学，再到应用互联网资源的转变，课堂信息量变大。但是，在信息化1.0时代，所用数字资源缺乏互动性、参与性、可选择性，教师和学生一般比较被动，课堂教学方式并没有发生明显的变革，尽管有多媒体参与教学，但教学方式仍以“灌输式”式为主，部分专家认为只是实现了由“教师口头灌输”到“电化手段灌输”的转变。

二、信息化2.0时代的乡村小规模学校教学方式变革

（一）“三个课堂”数字资源在乡村小规模学校普遍应用

2020年3月，为了在突发公共卫生事件期间保障教育教学能正常进行，学生能做到“停课不停学”，教育部出台《关于加强“三个课堂”应用的指导意见》，指出要进一步加强“专递课堂”“名师课堂”和“名校网络课堂”应用。

以“专递课堂”为关键词，在知网共搜索到的文献有53篇，最早的文献来自2016年5月1日。如果以“三个课堂”为主关键词，剔除不是教育部文件中提到的“三个课堂”内容，搜索到的文献约100篇。可以看出，关于“专递课堂”或“三个课堂”的研究比较多，说明相关技术应用已经比较成熟，目标也比较明确，应用场景清晰。

“专递课堂”专为乡村小规模学校设计，变单师课堂为双师课堂，有效缓解了乡村小规模学校缺专业学科教师的问题。“名师课堂”主要帮助解决乡村教师因兼课太多，个人发展受限制的问题。以湖南为例，由湖南省电教馆牵头，建立了多个网络名师工作室，有利于促进乡村小规模学校的教师依托网络参加教研活动，提高教学水平。“名校网络课堂”主要为了解决校际、城乡、区域的差距，有利于帮助乡村小规模学校缓解教师教学水平不高的问题。目前，长沙市已经组织部分名校建立了资源库，方便全市学校共享资源。

2020—2022年，“三个课堂”有力促进了城乡教育优质均衡。

“专递课堂”有利于帮助乡村小规模学校解决部分师资短缺问题。调查发

现，乡村小规模学校普遍缺乏专业的音乐、美术、体育、科学等学科的教师，对“专递课堂”的需求迫切，应用前景广阔。从目前的条件看，该项目的技术已经逐渐成熟，利大于弊。

“名师课堂”有利于帮助乡村小规模学校解决师资质量不优的问题。乡村小规模学校的整体师资力量较弱。课堂上，乡村小规模学校可以利用互联网技术，让学生依托国家中小学智慧教育平台，让名师为同学们上课，以此提高教学质量。

“名校网络课堂”有利于帮助乡村小规模学校解决区域、城乡、校际不均衡问题。突发公共卫生事件期间，长沙市教育局召集一些优质城区小学，按照教学计划，拍摄网络课堂，全部上传到网络上，全市同步直播，让乡村孩子也能做到“停课不停学”，这正是“名校网络课堂”的巨大价值。名校可以持续履行好更大的社会责任，把学校的教学、教研、德育、后勤等资源数字化，免费与乡村小规模学校共享，从而大大缓解区域、城乡、校际教育不均衡的问题。

（二）国家中小学智慧教育平台数字资源对乡村小规模学校的教学发展起到了巨大作用

国家中小学智慧教育平台于 2022 年 3 月 1 日开始试运行，于 3 月 29 日正式开放。该平台由 2020 年上线的“国家中小学云平台”升级而来，自 2022 年 3 月 1 日试运行以来，受到广泛好评，为推动“停课不停学”、教育均衡发展、“双减”工作等的实施发挥了重要作用。

有学者认为，国家基础教育云平台对乡村小规模学校的教学发展起了了巨大作用，具体体现在：通过城区优质学校的教师授课，有利于为课堂增添趣味，提高教学质量；有利于帮助乡村教师突破教学的重难点；有利于实现个性化教学，方便没有弄懂的学生在家观看；有利于优化资源配置，全国乡村小规模学校都可以免费利用。但也存在部分乡村学校硬件设备与网速跟不上、部分乡村教师因信息技术应用能力弱，导致使用教育云平台时操作困难等问题①。

一些地方已经开始启动“国家中小学智慧教育平台+”的工作。例如，徐州市云龙区创新运用国家中小学智慧教育平台优质资源，开发出了“云码”，推动开展线上线下混合式教学，“便利学生个性学、教师精准教。”②青海省是国家中小学智慧教育平台试点省，2022 年 9 月，青海省教育厅出台了《青海省使用国家中小学智慧教育平台开展线上教学工作指南(试行)》，明确了线上教学的目标任务，明确了主要应用类型和工作要求，明确了使用平台开展线上教学的组织管理要求③。

目前，国家中小学智慧教育平台也有值得完善的地方。华南师范大学教育技术信息学院钟柏昌、刘晓凡研究认为，国家中小学智慧教育平台还应更好贴近用户需求，要进一步提升资源的全面性，促进教育资源的可利用性，增强教育资源的动态交互，补充跨融合教育资源④。

总体来看，目前基于国家中小学智慧教育平台进行教学方式变革的研究还不多。2022 年 10 月 30 日，研究者以“国家中小学智慧教育平台”为主关键词进行搜索，在知网共搜索到文献 13 篇，其中新闻报道 9 篇，学术论文仅仅 4 篇。因此，关于国家中小学智慧教育平台的应用仍值得深入研究。乡村小规模学校师资短缺，教学资源匮乏，国家中小学智慧教育平台刚好可以解决这两个弊端，因此，乡村小规模学校很有必要多应用国家智慧教育平台的数字资源。

(三)电子白板数字资源促进乡村小规模学校教学方式变革

研究发现，基于电子白板或一体机促进教学方式变革的文献很多，自 1995 年至 2016 年一直呈持续增长态势，2016 年至现在，每年仍有比较多的研究成果得到发表。研究者以“白板”为关键词，在知网共搜索到相关文献

① 陈红军. 教育云平台在乡村小规模学校教学中的应用研究[J]. 求知导刊，2022(23)：23-25.

② 丁雅诵. 这里有处网课“宝藏”[N]. 人民日报，2022-09-14(7).

③ 莫青. 青海出台使用国家中小学智慧教育平台工作指南[EB/OL]. [2022-09-05](2024-11-29). https：//baijiahao. baidu. com/s? id=1743113145405955935&wfr=spider&for=pc.

④ 钟柏昌，刘晓凡. 国家中小学智慧教育平台如何贴近用户需求[J]. 教育家，2022(24)：38-39.

15704 篇，从图 2-4 可以看出，相关研究成果非常丰富，说明基于电子白板的教学已经非常成熟，几乎融入中小学阶段的各个学科。

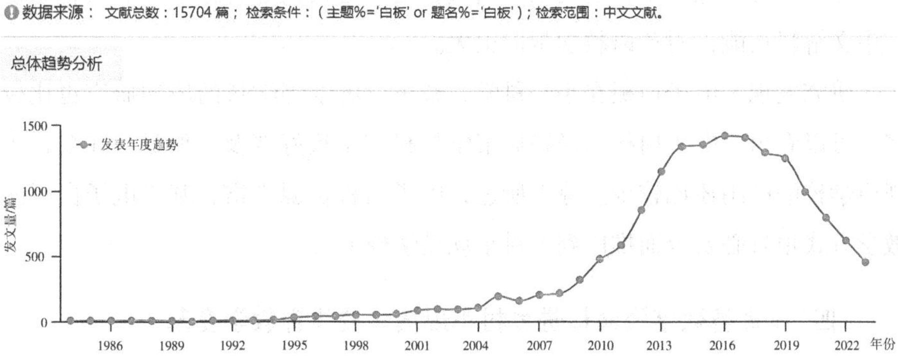

图 2-4　关于电子白板的研究趋势可视化分析

以小学语文学科为例，电子白板不仅保留了传统黑板直观形象的教学特色，同时又增添了多媒体设备的灵活性、全面性、交互性的优势，将学生的语文学习过程变得生动有趣。小学语文教学中借助电子白板的资料检索、素材加工的教学功能能够为学生收集整理与教学内容相关的素材，弥补了课程教学资源不足的弊端。语文教师可以利用电子白板的交互性功能给学生设计有关的课堂互动练习；利用电子白板下划线、彩色笔的功能给学生标注出本节课学习内容的重难点知识；根据教材内容，选择电子白板中有关电子画笔、知识模板以及语文图标等技术手段丰富教学内容，让学生学习变得更有趣味性。①

在小学数学课堂中，电子白板中的“思维导图”工具能帮助梳理数学教学中的重点、难点；电子白板可以智能推送各种图形专用工具，教师就不需要再准备相关的教具；使用“蒙层功能”，课堂教学中只要使用橡皮擦擦掉蒙层，就可以方便快速地揭晓答案；合理运用电子白板自带的各种课堂活动模块，并与具体的教学内容进行有效结合，可以营造高效的课堂学习氛围；利用各种智能工具，只需要用一支笔就能精准画出各种图形，还可以根据实际需求，进行图形的放大、缩小、平移、旋转、拖动和克隆等操作；利用电子

① 范国军. 希沃白板在小学语文教学中的应用[J]. 中小学电教(教学)，2022(5)：31-33.

白板中的信息资源库进行教学内容的有效拓展，既能加深学生对所学知识的印象，又能提升学生的思维品质。①

在小学英语课堂中，借助电子白板，英语词典具有音标注释、发音示范和中文解释功能，对英语教学帮助很大。②

研究发现，电子白板在小学科学、音乐、美术等学科的应用研究也比较多。可以看出，电子白板已经在城市学校得到了很好普及。但是，在乡村小规模学校的应用还比较少。综上所述，电子白板资源丰富，基于电子白板的教学方式很有必要全面推广到乡村小规模学校中去。

(四)体育类数字资源促进乡村小规模学校体育教学变革

研究者以“智能技术促进乡村小学体育教学变革”“乡村小学智慧体育”为主题在中国知网搜索文献，尚没有找到一篇文献。以“小学智慧体育”为关键词，共搜索到相关文献 67 篇，如图 2-5 所示。从 2016 年后，每年平均约有 8 篇文献，说明智慧体育已经在部分小学开始应用。

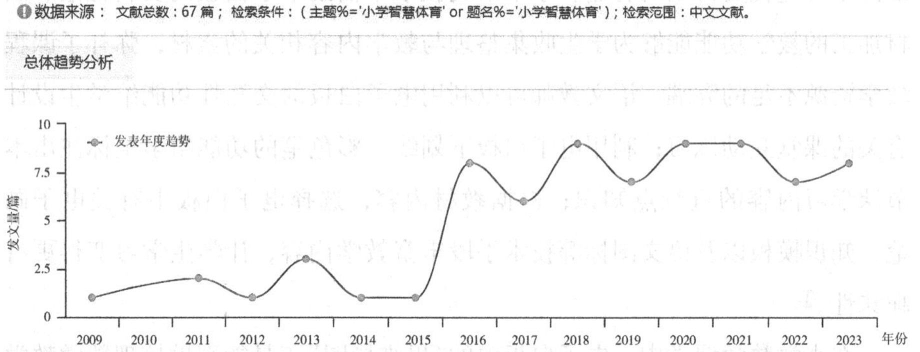

图 2-5 关于小学智慧体育研究总体趋势分析

王琦等学者提出要构建在线体育新模式，开展在线体育教学，作为线下体育锻炼的补充；要依托人工智能技术，遵循循序渐进和安全原则，利用现有的器材和场地，促进学生每天坚持锻炼。其建议将在线智慧体育教学的重

① 钱晋萍. 希沃白板视域下的小学数学高效课堂策略[J]. 天津教育，2022(25)：71-73.

② 周晨璐. 利用希沃白板提高小学英语课堂教学效率[J]. 中小学电教(教学)，2022(8)：34-36.

点放在学情分析、智能体育作业布置、个性化运动技能辅导等。① 研究者认同王琦提出的理念，该理念可以应用到乡村小规模学校去。张天娇等学者在陕西航天二一〇小学开展研究发现，智能时代将小学体育教育数字化、网络化、科学化、智能化，有利于赋能学校管理者、教师和家长，有利于在体育教学方面实现“因材施教”。② 李彩霞提出建设智慧体育教室，把智能手环等设备和数据软件结合使用，开展数字化检测，建立学生的运动健康档案，布置体育作业。③ 智慧体育教室投资巨大，一般乡村小规模学校暂时难以建设。从文献分析可以看出，智慧体育已在很多城市优质小学应用。但是，在广大乡村小规模学校，智慧体育应用案例暂时还没有找到。

据研究者现场考察得知，湖南省长沙市雨花区桂花坪小学（一所地处城区的新建优质学校）从智能跳绳运用入手，开展智慧体育实验，目前已成为全市的标杆学校之一。该校学生的体质健康测试优秀率超过 70%。研究者发现，学生依托微信小程序跳绳，只需要使用家长手机 3 分钟，有一根 10 元左右的普通跳绳，就可以开展居家体育锻炼，并不要过多投资。桂花坪小学的经验告诉研究者，智慧体育值得深入实践，大部分乡村小规模学校缺乏专业体育教师，非常有必要利用诸如此类有关体育锻炼的数字资源。

（五）机器人载入的数字资源促进乡村教学方式变革

查阅文献发现，由于机器人和人工智能技术的重大发展，城乡学生之间的数字鸿沟很可能会加深，因为实现这些系统所必需的技能更加复杂，需要先进的知识。有智利学者在乡村小规模学校的复式班引入 STEM 方法，使学生理解和参与这些学科，了解世界在快速进步，以提高他们的生活质量。机器人本身就是一个巨大的资源库，智利学者的研究探讨了机器人载入的数字资源如何促进不同年级的科学和数学课程学习，以及学生对使用机器人技术学习数学和科学的看法。该研究为智能时代的教学提供了一种新方法，旨在

---

① 王琦，何伟，王海波．构建中小学在线智慧体育教学新模式的研究［J］．中国现代教育装备，2023(6)：5-7.

② 张天娇，乜勇．小学智慧体育课程的模式构建与实践研究［J］．教育信息技术，2023(Z1)：75-79.

③ 李彩霞．小学体育智慧课堂教学策略研究分析［J］．数据，2022(1)：123.

缩小农村小规模学校学生在三个维度的教育差距：基础知识的课堂习得、智能技术的应用能力，以及21世纪公民发展所需的核心素养与实践经验。因机器人价格昂贵，查阅文献发现，应用诸如此类机器人辅助乡村小规模学校教学的案例，目前还非常少。

综上所述，可以看出，信息技术和数字资源应用可以驱动乡村小规模学校教学方式变革。在信息化1.0时代，已有一些乡村小规模学校尝试利用光盘数字资源教学、多媒体资源教学、网络资源教学，但发展很不平衡，很多乡村小规模学校班班通设备落后，仅仅使用了一些静态的数字资源。而且，当时的数字资源数量有限，质量并不高，文献研究发现，这些教学形式并没有从根本上实现乡村小规模学校"开好课程"的目标，教学方式并没有发生革命性改变。

在信息化2.0时代，教育进入智能化时代，数字资源变得更加丰富、智能。随着"专递课堂"数字资源、"名师课堂"数字资源、"名校网络课堂"数字资源、国家中小学智慧教育平台的数字资源、电子白板数字资源、体育健身数字资源、机器人载入的数字资源等新型数字资源的试验应用，直播教学、在线教学、互动式教学、线上线下融合教学等新型教学方式已经开始出现。而且，这些新型教学方式在城市大规模学校已经很常见。但是，在乡村小规模学校应用智能化数字资源驱动教学方式变革的行动还比较缓慢，应用学校偏少，应用效果还待进一步检验。

在乡村小规模学校，国家已经能保障每间教室都有能正常使用的班班通设备、高速通畅的网络、能随时调用的各种数字资源。当前，人类已经进入智能时代，教学正趋向智能化，利用智能化数字资源驱动乡村小规模学校教学方式变革的条件已经具备。但怎样选择、应用合适的数字资源驱动教学方式变革，迫切需要乡村小规模学校的校长积极去探索、去应用。

第三章

全国150所乡村小规模学校相关教学现状调查分析

第一节　调查设计与实施

一、调查目的

党的十九大报告指出，要坚定实施乡村振兴战略和可持续发展战略，推动城乡义务教育一体化发展，努力让每个孩子都能享有公平而有质量的教育。党的二十大报告指出，要坚持教育优先发展、科技自立自强、人才引领驱动，加快建设教育强国、科技强国、人才强国，加快义务教育优质均衡发展和城乡一体化，优化区域教育资源配置。

而贯彻乡村振兴战略，落实党的二十大提出的“加快义务教育优质均衡发展和城乡一体化”的重点和难点在于要办好乡村小规模学校。发展好乡村小规模学校是实现教育优质均衡的一条必经路径，是实现城乡教育一体化发展目标的“最后一公里”工程。

当前，人类社会已进入了智能时代，乡村小规模学校发展现状如何？有哪些成功经验？面临哪些困难？能否在智能时代实现更好地发展？数字资源在乡村小规模学校的应用情况如何？

为了详细了解我国当前乡村小规模学校的发展现状、办学经验、现实困难等情况，特开展本次调查。

二、调查对象

笔者通过微信群、现场走访、培训现场收集等三种途径，随机收集全国150所乡村小规模学校办学情况。

1. 微信群收集

笔者在陶行知研究会德育研究群、南京泰晤士第二届乡村教师公益培训群、湖南省第三届乡村好校长群、心语班主任团队群等微信群发布调查问卷，全国各地与调查相关的校长看到后自主自愿填报。

2. 现场走访收集

笔者实地走访了21所乡村小规模学校，由其校长现场填报问卷。

3. 培训现场收集

笔者外出为教师做培训时，如果发现学员中有乡村小规模学校的校长，会组织他们在现场进行填报。

本次调查数据主要于2020年6月收集，共收回问卷190份，问卷来自全国10个省、28个地级市、38个县级市或区、82个乡镇或街道。因笔者家乡在湖南，因此来自湖南的数据最多，其余问卷来自四川、河南、陕西、甘肃、辽宁、江西、安徽、北京、广东9个省份(直辖市)，因此，问卷具有一定的代表性。剔除人数超过200人的学校和两份重复问卷，最后保留有效问卷150份，即全国150所乡村小规模学校的问卷是本研究的第一份调研样本。本次问卷是面向校长进行的，因此，问卷反映的情况不是教师个人情况，而是被调查校长所在乡村小规模学校的整体办学情况。150份问卷来源地占比见图3-1。

另外，为了解一个区域乡村小规模学校分布情况与发展情况，研究者还与4个区县的教育局长进行了访谈，访谈主要为现场访谈或电话访谈。4个区县中，有经济非常发达的高新区，有曾经的贫困县，有农村面积占全部主要部分的县级市，有城乡面积各约占一半的区。同时，研究者还走进21所乡村小规模学校进行了现场调研与访谈。

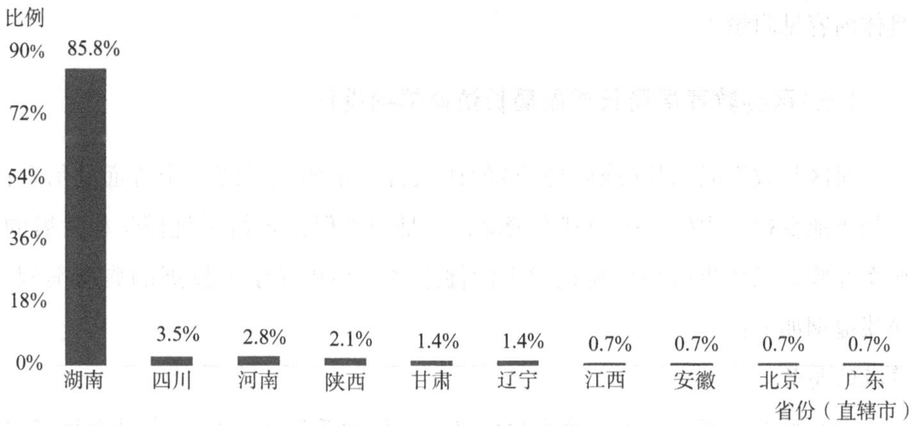

图 3-1　问卷来源地

三、调查设计

（一）调查问卷导语设计

尊敬的校长：

为详细了解当前我国小学生数在 200 人以下的乡村小规模学校发展情况，促进教育公平而有质量，为各级教育部门提供决策参考，现拟对贵校基本情况进行一个简要调查。本次调查仅用于科学研究，所有资料都将保密，与任何评价无关，敬请您如实回答。

十分感谢您的配合。

北京师范大学智慧学习研究院

2020 年 5 月

导语指出了调研目的和意义，让被调查者能如实、放心地反馈学校的基本情况。

（二）调查问卷设计

乡村小规模学校发展是一个系统工程，本研究把可能影响乡村小规模学校发展的要素尽可能都考虑到。经预调查后，最后确定的调查内容包括：学校基本情况、现有师资力量、办学硬件条件、后勤保障情况、信息技术应用情况、办学成就与困惑等 6 个方面，平均答题时间为 5～10 分钟。调查问卷具体内容见附录1。

（三）区县教育局局长或副局长访谈提纲设计

对区县教育局局长（或副局长）的访谈目的主要是了解三个方面的信息：一是当地乡村小规模学校的基本情况，二是当地促进乡村小规模学校发展的典型经验，三是当地利用新技术手段促进乡村小规模学校发展的典型案例。访谈提纲如下：

尊敬的局长：

十分感谢您百忙之中接受我的访谈。为详细了解我们区县乡村小规模学校的教学现状及办学经验，为促进乡村小规模学校高质量发展提供参考，现需要耽误您20分钟左右的宝贵时间，十分感谢您的鼎力支持。

1. 请问贵区（县）现有多少所200人以下的乡村小学，其中包含多少教学点？

2. 为了促进我们区（县）的乡村小规模学校高质量发展，目前贵地区采取了哪些有效措施？

3. 现在我们已经进入智能时代，有了新技术的支持，您觉得贵地区乡村小规模学校的教学有哪些新变化？您觉得贵地最满意的教育信息化应用案例是什么？您最推荐我去哪所或哪些乡村小规模学校现场调研？

第二节　调查结果分析

调研问卷依托问卷网发布，最后依托问卷网自带的分析系统对数据进行整理、分析。局长访谈情况采取现场记录的方式进行。经过问卷调查、现场走访和局长访谈，基本摸清了当前乡村小规模学校的发展现状和现实问题。

一、乡村小规模学校的发展现状

（一）乡村小规模学校是当今乡村小学的基本样态

为了详细了解乡村小规模学校在某区域的分布情况，2020年6月，笔者选取湖南省经济条件不一的4个区县，访谈了解区域乡村小规模学校分布情况；再随机调研了全国 150 所 200 人以下的乡村小规模学校的具体办学情况；同时，还走进 21 所乡村小规模学校进行了现场调研与访谈。调查发现：6 个班及以下的小规模学校是当前乡村小学教育的基本样态。具体情况如表 3-1 所示：

A 地(县级市)现有 6 个班及以下的乡村小规模学校 207 所，占全市小学总数的 50%，其中 100 人以下的教学点有 82 个；A 地某镇共有小学 17 所，其中有 6 个班及以下且学生人数少于 200 人的小学有 12 所(含 2 个教学点)，占比 76.5%；另一乡镇有小学 8 所，其中 6 个班及以下且学生人数少于 200 人的小学有 5 所，占全镇小学总数的 62.5%。B 地(某县)一般把乡村小学的六年级学生全部转移到乡镇初中读书，该地 5 个班及以下的教学点有 116 所，6 个班及以上的小学有 163 所，5 个班及以下的乡村小规模学校约占全县小学学校总数的 41.6%。C 地(地级市的一个区)共有公办小学 52 所，其中班级数小于等于 6 个班且学生人数在 200 人以下的乡村小规模学校 22 所，约占全区小学总数的 42.3%。D 地(高新区)共有小学 17 所，其中乡村小学 6 所，均为只有 6 个班、人数在 200 人以下的乡村小规模学校，乡村小规模学校约占全区小学学校总数的 35.3%。

表 3-1　四个经济条件不一的地区乡村小规模学校占比情况

地区	A 地	B 地	C 地	D 地
小学总数/所	414	279	52	17
小规模学校数量/所	207	116	22	6
小规模学校占比	50.0%	41.6%	42.3%	35.3%

在随机调查的全国 150 所乡村小规模样本校中，有一至六年级各 1 个班的有 91 所，约占 60.7%。可见，200 人以下的乡村小规模学校普遍开设有 6 个教学班，尽管每班学生人数少，但每个年级都有一个班(表 3-2)。

表 3-2　150 所样本校班级数情况

班级数	6 个班	5 个班	4 个班	3 个班	2 个班	1 个班
数量	91 所	21 所	13 所	6 所	12 所	7 所
占比	60.7%	14.0%	8.7%	4.0%	8.0%	4.7%

2012 年，《关于规范农村义务教育学校布局调整的意见》颁布以后，乡村小规模学校的发展得到了社会各界的广泛关注，专家学者把 2012 年以后定位为后撤并时代。在后撤并时代，乡村小规模学校得到了很好保护。最近几年，有一部分原来已经撤并的乡村小规模学校在恢复，但更多的乡村小学或教学点却因城镇化进程加快而逐渐停办。从全国和湖南省教育厅的学校统计表来看，乡村教学点的总量在逐年减少。

（二）近半数的乡村小规模学校还要承担幼儿教育

全国 150 所样本校中，有附属幼儿园的 76 所，占比约 50.7%；无附属幼儿园的 54 所，占 36%。越是偏僻的乡村小学，存在附属幼儿园的可能性越大。调查发现，乡村小规模学校承办幼儿教育有利于稳定小学生源，有利于乡村孩子就近入学，有利于补充乡村小规模学校的办学经费，但也加大了其管理工作量。

（三）面向智能时代的乡村小规模学校出现新变化

150 所样本校中，约 97.92% 的学校认为，互联网技术能辅助教学，约 27.78% 的学校认为还能辅助管理；约 16.70% 的学校反映与城区优质学校或集镇中心小学建立了网络联校，“专递课堂”正在大面积推广应用，一般与城区优质学校同上音乐、美术、英语课。

有学校指出了网络联校的优点，如孩子们较喜欢，提高了学生的学习积极性和学习效果，为农村孩子获得了较优质的教学资源，扩宽了学生的视野，促进了学生全面发展，有效缓解了教学点专业教师缺乏的现状，弥补了乡村小规模学校英语、音乐、美术教师不足的缺陷，给予乡村教师现场学习的机会。也有学校反映专递课堂存在一些不足，例如，易受网络环境制约，网络出现故障，专递课堂就无法正常进行；学生难以互动；教学内容难度过大，特别是英语课堂教学，乡村学生跟不上城市学生的节奏；教学效果不明显；等等。

二、乡村小规模学校的现实问题

（一）专业学科教师缺乏

调查发现，在乡村小规模学校，学科教师缺乏问题非常突出，特别缺音乐、体育、美术等学科的专业教师。

调查显示，小规模学校校长办学过程遇到的最大困难是办学经费不足，排第二的困难是缺教师（图 3-2）。

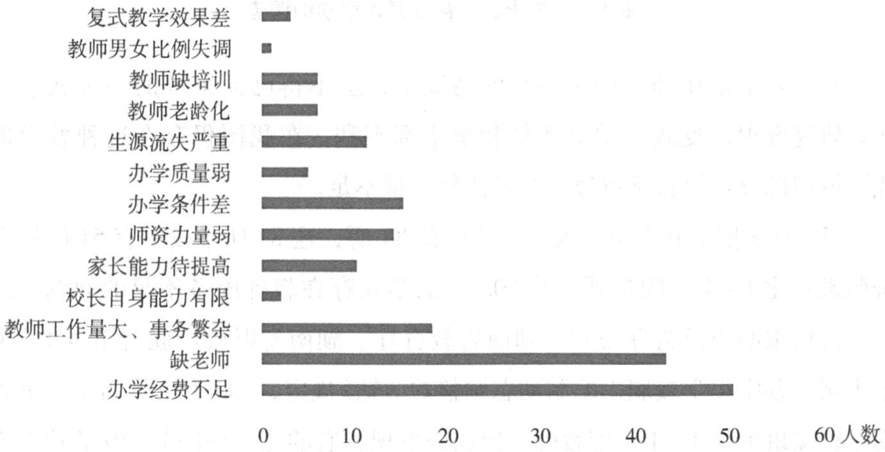

图 3-2 乡村小规模学校校长遇到的困难调查

全国 150 所样本校中，没有一所学校配齐了专职的音乐、体育、美术、科学教师，学生的全面发展受到限制，部分学校基本上只重视语文、数学课。因缺乏专业学科教师，音乐、体育、美术、科学等课程常被语文和数学教师挤占。只有 23 所（约 15. 34%）学校有专业音乐教师，17 所（约 11. 34%）学校配有专业美术教师，19 所（约 12. 67%）学校有专业体育教师，14 所（约 9. 34%）学校有专业科学教师。

如图 3-3 所示，全国 150 所样本校中，存在复式教学形式的有 19 所，约占 12. 67%。

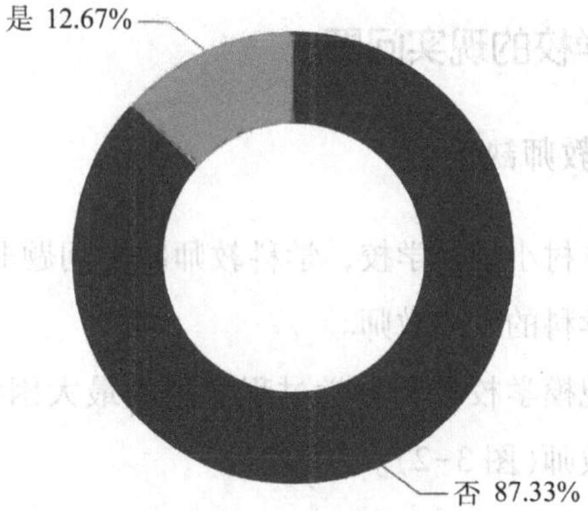

图 3-3　关于是否存在复式教学的调查

复式教学是在师资严重不足的情况下，迫不得已而采取的一种教学形式。研究发现，复式教学对教师和学生都不利。在我国仍存在这种教学形式，说明部分乡村教学点教师配备依然严重不足。

150 所学校中共有 100 人以下的学校 84 所，这 84 所学校中有 51 所没有按照班师比 1∶1.7 配教师，约 60.7% 的学校存在教师配备不足的问题。湖南省机构编制委员会办公室、湖南省教育厅、湖南省财政厅联合下发的《关于市州公办中小学教职工编制动态调整的通知》规定，100 人以下的乡村小规模学校按班师比 1∶1.7 配教师。但调查发现，有的地区仍按 1∶19 的师生比为乡村小规模学校配教师，导致乡村小规模学校教师严重不足。

（二）教师队伍整体素质不高

150 所样本校中，共有教师 1326 人，其中无编制的教师 319 人，占教师总数的 24.06% 左右。因教师配备不足，导致教师周课时较多。除校长外，教师周课时在 20 节以上的学校达 73 所（约 48.67%），这意味着教师平均每天有 4 节以上的常规课，加上早午自习和课后服务课则更多，还有检查作业和各种管理工作，教师根本没有时间外出学习、参加培训，也没有时间参加教育教学研讨活动。还有约 20% 的学校采取包班制（指教师平均每天 6 节常规课，几乎每天每节课都要进课堂上课），教师在正常工作日内，基本上无法外出参加培训。社会飞速发展，教育也必须与时俱进，如果教师长期坐井观天，教育知识得不到更新，教育能力得不到提高，专业发展必然受限。

150所样本校的1326位教师中，无教师资格证的115人，约占8.7%，其中有11所小学无教师资格证教师的占比等于或大于50%，有的学校临聘教师超过教师总数的50%，教学质量无法保障。这组数据从侧面反映出乡村小规模学校招聘教师存在困难，往往留不住年轻的优秀教师。1326位教师中，有211位(约15.91%)教师上课时基本不用多媒体设备辅助教学，其教学能力与智能时代发展水平不相称，而在这其中以高年资教师居多。

150所样本校中，共有45岁及以上教师383人，约占样本教师总数的28.88%。一部分乡村小规模学校仿佛成为高年资教师的集中安置点，教师老龄化严重。例如，有所乡村小规模学校共有19位教师，其中有16位教师年龄在45岁以上；另一所学校的14位教师中，有12位年龄在45岁以上。

150所样本校中，约84.76%的学校无一名市级骨干教师、76.00%的学校无一名区县级骨干教师。可见，乡村小规模学校普遍缺乏名师和骨干教师的专业引领。

从教师周课时数与外出培训情况、无编制教师数量、无教师资格证教师数量、高年资教师占比、骨干教师数量等方面可以看出，乡村小规模学校教师队伍整体素质不高。

(三)国家课程开不齐开不好

150所样本校反映，一般情况下，学校基本上只能保障语文、数学2门课程正常开设，其他课程只能由语文、数学教师兼任。大部分学校的其他课程因师资问题，只能应付式开设，这是部分乡村小规模学校教学质量低、学生流失严重的主要原因。因师资缺乏，约72.67%的学校没有开设供学生自主选择的艺体社团，42.00%的学校没有为学生提供课后延时服务，约82.07%的学校没有与城市学校、集镇中心学校建立办学联盟或对口帮扶关系。

调查发现，我国乡村小规模学校，特别是教学点，专业学科教师缺乏、教师队伍整体素质不高等问题仍然普遍存在，导致国家课程在乡村小规模学校开不齐开不好，这是制约乡村小规模学校高质量发展的最主要因素。

以真人桥小学为例，2016年8月至2022年8月，因一直没有专业体育教师，体育课均由数学教师兼任，体育课堂基本上是放羊式，经常是教师陪伴一部分学生在教室做数学作业，另一部分学生则在操场上自由玩耍。因体育课缺乏专业指导，加上乡村小学体育场简陋，学生的体质健康水平整体较低。

（四）智能数字资源应用场景少

调查发现，150 所样本校中，约 18.67% 的学校反馈班班通设备老化，故障率高，不能正常使用；约 40.67% 的学校教室里面还是“电脑+投影”或“电脑+电视机”的老式班班通设备，只有约 35.33% 的学校的班班通设备为一体机（指新一代电子白板，集电视机、电脑和电子白板于一体的机器）。

除一体机外，150 所学校基本上都没有配备教学平板、机器人等专用的智能教学设备，也没有使用智能化的数字资源，一般使用的是静态的互联网数字资源、光盘数字资源等，如静态的课件、电子教案等。配有一体机的学校则仅仅把一体机当显示屏使用，里面的智能数字资源形同虚设。

第三节　调研反思与改进对策

自 2012 年进入后撤并时代以来，我国乡村小规模学校得到了长足的发展与广泛的关注，为我国基础教育的高质量发展、脱贫攻坚、乡村振兴做出了重大贡献，成绩可圈可点。

面向智能时代，我们需要再次审视、思考我国乡村小规模学校的发展状况。2012 年 3 月，教育部发布的《教育信息化十年发展规划（2011—2020 年）》指出，实施优质数字教育资源建设与共享是推进教育信息化的基础工程和关键环节。2018 年 4 月，教育部发布的《教育信息化 2.0 行动计划》指出，要开展数字资源服务普及行动，建成国家教育资源公共服务体系，数字教育资源实现开放共享。教育数字化不仅是对教育的赋能，更是对教育的变革和重塑。当前教育数字化的重点任务是创新教育场景，开发和应用数字资源，提升教师数字素养。① 因此，在师资配备、经费一时无法改变的情况下，尝

① 袁振国. 教育数字化转型：转什么，怎么转[J]. 华东师范大学学报（教育科学版），2023，41(3)：1.

试利用智能技术，适配性应用多元数字资源，驱动乡村小规模学校发展，是智能时代的乡村小规模学校缓解专业学科教师缺乏、教师队伍整体素质不高、国家课程开不齐开不好等问题，促进乡村教育高质量发展的应然选择和必然需求。

研究者拟以长沙高新区真人桥小学为研究对象，开展行动研究。利用身边可以利用的数字资源，促进乡村小规模学校实现教学方式变革。本研究以综合应用个体任务型数字资源、协同构建型数字资源、技能训练型数字资源等三种类型的数字资源为例，变革教师教学方式，引领学生变革学习方式，提高乡村小规模学校的教学质量。

一、数字资源应用的分类

黄荣怀等学者认为，在智能时代，混合学习将成为常态，有适切的数字资源将是保障学生开展混合学习、个性化学习的关键。学生期盼的学习方式以自主、协作、探究为基本特征，数字资源将支持学生进行自主学习、合作学习、探究学习。支持学生混合学习的数字资源形态可以分为个体任务型、协同构建型、技能训练型微型课件型、技能训练型、小组合作型和协同构建型等五种类型。①

微型课件型数字资源一般以短视频方式呈现，目前该类资源在乡村小规模学校已经广泛应用。小组合作型数字资源是以小组合作形式组织，用于解决复杂问题，不太适合小学生使用。因此，以上两种数字资源不是本研究讨论的重点。本研究结合当前乡村小规模学校的实际情况，重点研究怎样利用个体任务型、协同构建型和技能训练型数字资源驱动教学方式变革。

（一）个体任务型数字资源

个性任务型数字资源是指学习者为了完成某项学习任务，需要应用的视频、音频、文字、图片等数字资源，一般由学习任务、学习资源、评价办法

① 黄荣怀，陈庚，张进宝，等. 论信息化学习方式及其数字资源形态[J]. 现代远程教育研究，2010：(6)：72-73.

和学习支持服务等四个方面组成[①]，如大数据资源平台上的同步教学视频、英语听力材料、语文朗读材料等。该类资源一般适合学生先进行个体学习，然后完成教师布置的作业的模式，并以视频资源、在线作业为主。

在智能时代，该类数字资源有的可以实现智能推送、智能评价学习效果等功能。基础教育领域的个体任务型数字资源使用对象一般为学生资源，具有网络化、可分享性、可重复观看、支持移动学习等特征，方便学生随时随地学习、个性化学习。为保护小学生视力，小学生使用个体任务型数字资源进行学习时，学习时长一般不超过 20 分钟。例如，国家中小学智慧教育平台上的同步课堂视频资源一般为 15~20 分钟一节，教师可以在停课不停学期间、个别学生请假时或个别学生不清楚某个知识点时推荐给学生观看；也可以是非专业学科教师上课时，选用国家中小学智慧教育平台上的数字资源给学生，缓解因缺相关学科教师造成课程开不齐开不好的困境。

（二）协同构建型数字资源

协同构建型数字资源是指基于协同构建理念，全国教师依托某一平台或数字底座而共同建设的数字资源，如课件库、教案库、课堂教学实录库、习题库、试卷库等。该类资源具有开放性，尊重个体经验，可以评价个人知识贡献。[②] 例如，全国教师可以将自己的课件、教案、课堂实录视频等数字资源上传分享至大数据平台，也可以自由学习、下载、借鉴别人的各种数字资源，可以对别人上传的数字资源进行点赞、评分。

该类资源由全国教师互相提供，共建、共创、共享。有了大数据和智能技术，数字资源平台可以对资源进行分类、评价和排序。例如，基于新一代电子白板 APP 开发的课件库数字资源，目前就非常受中小学教师欢迎。乡村小规模学校教师如果利用此类资源，可以大大提高备课效率、提升教学效果、提高教学质量。

---

① 黄荣怀，陈庚，张进宝，等. 论信息化学习方式及其数字资源形态[J]. 现代远程教育研究，2010(6)：72-73.

② 黄荣怀，陈庚，张进宝，等. 论信息化学习方式及其数字资源形态[J]. 现代远程教育研究，2010(6)：73.

（三）技能训练型数字资源

技能训练型数字资源是指能促进学生参与，并用人工智能感知技术和大数据等技术，自动记录学生参与过程数据的资源，一般用于提升学生的某项技能，如训练学生英语口语和听力技能、普通话技能、体育技能、书法技能等。该类数字资源一般要有清晰的操作指南和明确的评价考核办法。①

该类资源往往具有长期性、过程性、智能性、数据可采集性、可即时评价等特征，需要大数据和人工智能等技术提供支持。如“小奔运动”小程序上的体育锻炼数字资源，可以引导学生每天进行居家体育锻炼；可训练与测试学生汉语、英语口语水平，依托智能技术可以即时评分；可引导学生练习书法，可以对学生的书法进行即时评价；还可以对学生的作文进行全面的分析与评价，提高学生的写作水平。

二、数字资源应用的内在逻辑

（一）个体任务型数字资源助力个性化学习

个体任务型数字资源以同步学习视频、同步在线练习为主，主要解决学生因突发公共事件或个人身体原因不能到学校上学的问题，助力乡村小规模学校实现“停课不停学”，让学生居家实现自主学习、个性化学习。个体任务型数字资源也可以在学校中使用，主要目的是解决乡村小规模学校缺专业学科教师、国家课程开不齐开不好的问题，利用人机共教，实现开足课、开好课。最典型的应用案例是利用国家中小学智慧教育平台中的视频教学资源辅助教学。该类数字资源的缺陷是如果学生很长一段时间都是通过观看视频来学习，很容易感到枯燥、疲劳；同时，视频交互性弱，学生一般只能被动观看，遇到需要使用器材动手操作、有疑问需要提问等情况，学生的需求往往难以满足；对体育、英语、音乐、美术等需要持续练习的学科而言，学习效果不佳。

① 黄荣怀，陈庚，张进宝，等．论信息化学习方式及其数字资源形态［J］．现代远程教育研究，2010(6)：73.

个体任务型数字资源主要功能是支撑学生个性化学习。我们在“停课不停学”期间发现，个体任务型数字资源发挥了巨大作用。然而，我们也发现，学生如果连续多天利用视频资源学习，学习效率和效果会下降；同时，如果让学生连续多天利用视频学习，教师的主观能动性也会发挥不出来。因此，学生更喜欢线下学习，应用线上数字资源的学习只是线下学习的补充。在学校，教师还需要利用协同构建型数字资源开展线下互动式教学。

（二）协同构建型数字资源构建互动课堂

协同构建型数字资源以智能课件、教案、练习题等资源为主，助力乡村小规模学校高质量开足、开好国家课程。该类数字资源主要由教师众筹众创、共建共享，在学校日常教学中使用。最典型的应用案例是利用新一代电子白板课件库中的协同构建型数字资源，让乡村小规模学校的教师实现智能备课、智能授课、智能评价，提高乡村小规模学校的教学质量。

该类数字资源的缺陷是一般只适合教师使用，学生在家中不能使用；对体育、英语、音乐、美术等需要持续练习的学科而言，学习效果的提升不显著，协同构建型数字资源主要是方便乡村教师教学，有利于缩小城乡教师间的数字鸿沟。

应用个体任务型数字资源和协同构建型数字资源对体育、书法、英语等依赖长期技能训练的学科而言，效果相对有限，而应用技能训练型资源刚好可以弥补上述不足。

（三）技能训练型数字资源引领持续训练

技能训练型数字资源以促进学生体质提升、英语口语和听力技能提升、书写水平提升的数字资源为主，主要目的是通过智能技术持续干预，帮助学生提高体质，以及英语口语和听力、书写等技能水平，助力乡村小规模学校缓解缺少艺体等学科教师的难题。最典型的应用案例是应用“小奔运动”小程序中的体育健身数字资源，依托智能技术，督促学生寒暑假在家每天坚持体育锻炼。

技能训练型数字资源的主要功能是依托互联网智能技术，督促学生持续进行相关技能训练。该类数字资源的缺陷是使用时需要家长配合，需要使用家长的手机 3~5 分钟。如果遇到家长不在家，学生往往不能完成当天的技能训练任务。

针对调查发现的问题，研究者绘制了“多元数字资源适配性应用”行动干预路线图，见图 3-4。

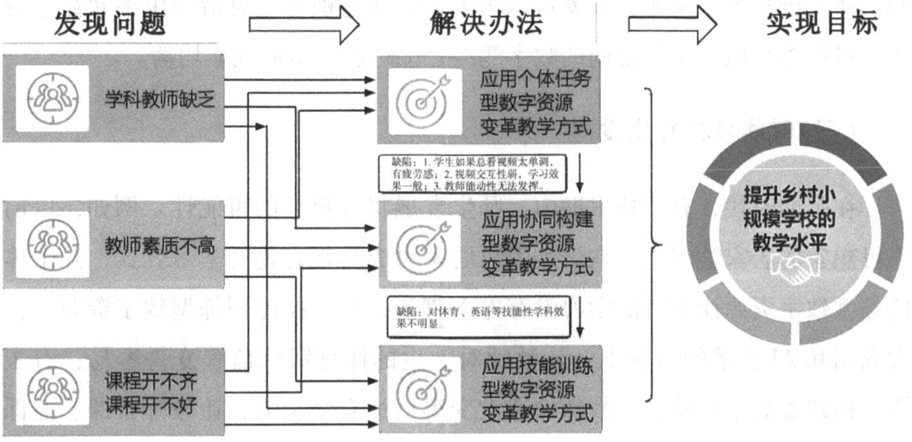

图 3-4　行动干预路线图

三、数字资源应用的价值取向

（一）实现个性化学习

有了个体任务型数字资源，学生可以实现反复学习、随时随地学习、移动学习，个性化学习得以实现。学生的学习不再受时间和空间的影响。例如，应用个体任务型数字资源，学生在家照样可以学得很好，白天可以学，晚上可以学；应用技能训练型数字资源，学生可以根据自己的身体状况，依托互联网智能技术，选择适合自己的、自己喜欢的体育锻炼项目进行健身，还可以根据自己的英语水平，决定英语听力、口语的练习时长。

（二）走向优质均衡

对于乡村孩子来说，能使用到的智能设备远远没有城区学校那么多；但智能数字资源对城乡孩子来说，又是公平的，每一位学生都能平等使用。很多数字资源对设备的要求并不高，只要有手机和网络，就能使用智能数字资源。乡村学生利用家长的智能手机 3～20 分钟，就能用上各种数字资源。例如，乡村小规模学校的学生利用国家中小学智慧教育平台的视频资源可以实现"停课不停学"，可以享受到城区学校教师录制的优质课程资源；乡村教师利用全国优秀教师协同构建的数字课件资源，也能上出精彩的课；乡村学生利用体育健身数字资源，在家可以每天坚持体育锻炼。灵活应用多元数字资源，可以缩小城乡学校之间的数字鸿沟，促进教育走向优质均衡。

（三）赋能乡村师生发展

在智能时代，有了技术助力，师生发展将有更大的可能性。例如，以前不可想象的居家学习，可在学生因故居家时成为常态化的学习方式，是个体任务型数字资源让学生的学习没有停下脚步；有了技能训练型数字资源，在大数据和 AI 技术的帮助下，让教师对学生的体育锻炼监管变得容易；有了协同构建型数字资源，让教师的课堂变得更加有吸引力，让教师备课、上课变得更加轻松。

（四）变革与重塑乡村教育

在智能时代，随着多元数字资源的应用，乡村小规模学校的教学方式悄悄发生了变革。例如，应用个体任务型数字资源，让教育的发生地点、组织形式、教学内容等发生了变革；应用协同构建型数字资源，让乡村教师的备课方式、教学手段、评价方式等发生了变革；应用技能训练型数字资源，让乡村学生的学习方式、学习地点、学习效果等都发生了变革。这一系列的变革将带来乡村教育的重塑与重构，让乡村教育变得更加高效、精准、成功，让乡村小规模学校的教学质量能够与城区学校相媲美，甚至完全有可能在很多方面超越城区学校。

四、数字资源应用的教学流程

在智能时代，数字资源应用将驱动教学方式变革，教师教的方式、学生学的方式都将发生变化。一般教学流程如下：

（一）应用个体任务型数字资源的教学流程

教师查找、推荐数字资源—学生使用数字资源—完成相关作业—教师或平台评阅作业。

以应用国家智慧教育平台的同步教学数字资源为例，乡村教师首先根据教学计划，找到适合的名师网络课堂，组织学生现场学习或居家学习；然后，根据实际情况安排学生完成练习、进行复习等。这样的课堂相当于人机共教，双师课堂。

（二）应用协同构建型数字资源的教学流程

教师查找、下载数字资源—师生共同使用数字资源—完成作业—评价效果—反思。

以电子白板课件库中的协同构建型数字资源应用为例，乡村教师先在电脑端或手机端登录电子白板，按照教学计划，找到本节课需要的教学课件；在教室里，用手机扫码登录，按课件进行互动式教学；完成教学任务后，学生完成作业，教师评价教学效果。

（三）应用技能训练型数字资源的教学流程

教师推荐技能训练型数字资源—学生每天坚持训练—教师跟踪效果—评估效果—反思。

以“小奔运动”小程序中的体育锻炼数字资源为例，教师布置技能训练任务后，学生需借助家长的手机，打开小程序“小奔运动”，然后依托大数据和智能感知技术，学生就可以在手机屏幕前做跳绳、跑步、深蹲、仰卧起坐等各种体能运动；系统会自动计数，一分钟运动完成后，学生的运动数据自动上传至大数据平台，家长、教师能知道该学生的运动情况；班主任可以对学生每天在家中的运动情况进行监督和表扬。

五、数字资源应用的注意事项

(一)灵活应用

从数字资源的分类标准和内在逻辑看，每一类数字资源都有各自的优势和缺陷，没有哪一种单一的数字资源能解决乡村小规模学校面临的所有问题。应用个体任务型数字资源能促进个性化学习，但学生的参与感和资源的交互性相对较弱；应用协同构建型数字资源进行教学时，课堂交互性强，教学效果好，但对体育、英语等学科的作用却不显著；应用技能训练型数字资源能显著提升学生的某项技能，但一般耗时较长，而且需要家长配合。因此，应用数字资源时，需要做到灵活应用。

本研究中涉及的三类数字资源各有优缺点，互为补充，相辅相成，缺一不可。个体任务型数字资源和协同构建型数字资源是基础，技能训练型数字资源是重要补充。只有灵活应用数字资源，才能有效缓解乡村小规模学校教学、发展所面临的问题，才能更好地促进学生全面发展。

(二)适配性应用

每一所乡村小规模学校的硬件条件、办学特色、发展基础、教师配备、面临困难等情况各不相同，因此，应用数字资源驱动教学方式变革时，必须做到因地制宜、有的放矢，要适合学校的实际情况，才能帮助乡村小规模学校缓解办学困境，提高教学质量。

例如，在老龄化严重的乡村小规模学校，教师可以多应用同步教学视频类个体任务型数字资源辅助教学；没有专业英语教师的乡村小规模学校，可以多利用英语类技能训练型数字资源，提高学生的英语听力和口语水平；没有专业体育教师的乡村小规模学校，可以多利用体育类技能训练型数字资源，提高学生的体质健康水平……这样就做到了适配性应用。只有合理地适配性应用数字资源，才能有效缓解乡村小规模学校专业学科教师缺乏、教师整体素质不高、课程开不齐开不好等问题，才能更好地促进学生全面发展。

第四章

研究设计

第一节　研究目标与研究内容

一、研究目标

本研究通过应用国家中小学智慧教育平台提供的个体任务型数字资源、新一代电子白板课件库提供的协同构建型数字资源、“小奔运动”小程序提供的技能训练型体育健身数字资源等，变革乡村小规模学校的教学方式，找到缓解乡村小规模学校专业学科教师缺乏、教师队伍整体素质不高、课程开不齐开不好等问题的办法，提高乡村小规模学校的教学质量，缩小乡村小规模学校在教学方面与集镇、城区学校之间的差距，让乡村小规模学校的学生能留得住、教得好、学得优。

本研究希望通过多元数字资源适配性应用，变革乡村小规模学校的教学方式，助力乡村小规模学校提高教学质量，助力新课标在乡村小规模学校落地实施，助力实现城乡教育一体化，助力实现教育公平和优质均衡，促进乡村振兴。

二、研究内容

(1)基于个体任务型数字资源的教学方式变革研究。本研究采用行动研究法，以应用国家中小学智慧教育平台提供的个体任务型视频数字资源为例，研究应用该类数字资源能否实现教学方式变革，研究能否缓解乡村小规模学校专业学科教师缺乏、教师专业素质不高、课程开不齐开不好的问题。

2022 年 3 月，以前的“中小学教育云平台”升级为“国家中小学智慧教育平台”，该平台提供了很多个体任务型数字资源，有教学视频、作业、拓展资源等，这些资源对乡村小规模学校有何用处？怎样应用？依托该平台数字资源的教学方式与以前的教学方式有何不同？乡村小规模学校能否通过该平台的数字资源来实现教学方式变革、提升教学质量？这是本研究需要研究的第一个问题。

(2)基于协同构建型数字资源的教学方式变革研究。本研究采用行动研究法，以应用新一代电子白板课件库提供的协同构建型数字资源为例，研究能否实现教学方式变革，能否缓解乡村小规模学校专业学科教师缺乏、教师专业素质不高、国家课程开不齐开不好的问题，以及能否提升乡村小规模学校的教学质量。

(3)基于技能训练型数字资源的教学方式变革研究。本研究采用行动研究法，以应用“小奔运动”小程序提供的技能训练型体育健身数字资源为例，研究应用该类数字资源能否实现乡村小规模学校体育教学方式变革，能否缓解乡村小规模学校体育教师数量缺乏、体育教师专业素质不高、体育课程开不齐开不好等问题，以及能否提升乡村小规模学校的体育教学质量、提升学生体质。

第二节　研究方法、研究步骤及创新之处

一、研究方法

(一)文献研究法

文献综述的目的是界定研究内容、寻找研究的新思路、避免无效劳动，有利于识别进一步研究的建议、寻找建立新理论的支持。文献综述是研究的基础，文献研究法能帮助本研究摸清当前智能技术促进教学方式变革和数字

资源驱动乡村小规模学校教学方式变革等问题的研究现状，明确本研究的具体内容和边界，让本研究站在巨人的肩膀上前行。

（二）问卷调查法

问卷调查法是教育研究中非常重要的研究方法，融量化分析与质性研究元素于一体，是教育实证研究中的一个重要环节。问卷调查的目的是在自然状态下收集资料，以了解现实情况。优点有：能为研究者解决问题提供第一手材料，还可以发现新问题和新情况，有利于研究者提出新见解、新理论。缺点是：需要花费较多的人力、物力和时间，收集数据不容易，有时调查的结果也不一定对研究有用①。

本研究需要进行三次问卷调查。第一次调查是为了解经济发展水平不一地区乡村小规模学校的基本情况，于 2020 年 6 月对全国 150 所学生数在 200 人以下的乡村小规模学校进行的问卷调查；第二次调查是为了了解学生居家学习情况，调查时间是 2022 年 12 月；第三次问卷调查是为了解当前国家中小学智慧教育平台在中小学的应用情况，调查时间是 2023 年 2 月。

（三）行动研究法

行动研究法是指教育研究者对自身的教育实践进行反思性研究，或者是将教育行动和教育研究结合起来，反复进行探索的一种研究方法。其特点：教育实践工作者就是研究者，以研究者本人作为研究工具，研究结果能够使现状得以改进，改革行动与研究工作相结合，特别适合中小学教师开展。一般的模式是：计划—行动—观察—反思，根据实际需要再反思循环，一轮不行，再进行二轮、三轮②。它的缺点：研究情境一般无法精密控制，研究范围较小，有的行动研究推广价值有限。

行动研究法是本研究的主要研究方法。本研究以笔者所在学校——长沙高新区真人桥小学为主要研究对象，参照行动研究循环模型，开展行动研究，如图 4-1 所示。基本流程是：发现问题—明确目标—制订计划—行动干

① 李方. 现代教育研究方法[M]. 6 版. 广州：广东高等教育出版社，2016：242，244.

② 李方. 现代教育研究方法[M]. 6 版. 广州：广东高等教育出版社，2016：242，244.

预—观察诊断—反思改进。如果效果不理想，再进入第二轮、第三轮行动研究。为了使研究更具有可推广性，本行动研究应用的数字资源案例均为普适性的，全国所有乡村小规模学校的学生和教师均可应用。

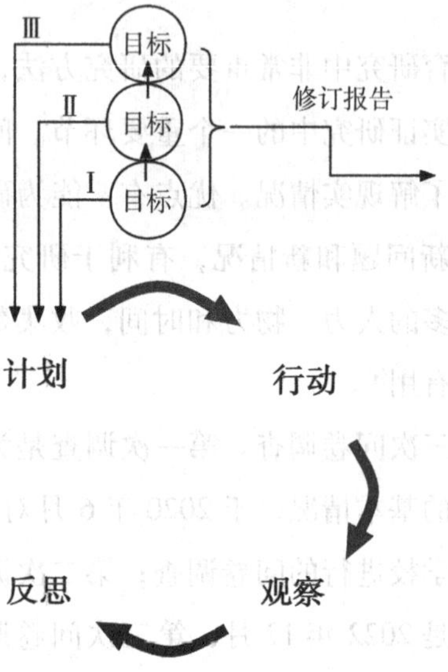

图 4–1　行动研究法模型

研究者所在学校——真人桥小学存在学科教师不足、教师平均年龄大、专业素质不高、部分课程开不齐开不好等问题，对教学质量有影响，为了缓解因这些问题带来的不利影响，研究者先立足所在学校开展行动研究。

本研究首先以应用个体任务型数字资源为例展开行动研究，发现有局限后再应用协同构建型数字资源开展行动研究。后来，发现学校体育教学质量差、学生体质健康水平差等问题依然无法解决，又尝试使用技能训练型数字资源开展行动研究。从整体看，三种数字资源的应用是一个完整的行动研究，经历了三轮，不断反思、改进；从局部看，每一类数字资源的应用研究过程也是一个独立的行动研究过程，经历了“计划—行动—观察—反思—改进”反复循环的过程。

（四）定性分析法

定性分析法是一种质的研究方法，是对所收集的资料进行整理、分析，使其逐步趋向系统化、条理化的研究方法。[1] 好的定性研究需要深入思考、对比、反省、学习。定性分析法必须紧扣目标，对事物的本质特征进行有机分解，再对分解出来的各局部进行分析，尽可能将事物分解成简单的要素单位，然后进行考察。[2]

本研究对三次问卷调查情况、三轮数字资源适配性应用的行动研究情况和文献综述情况进行了梳理，分析乡村小规模学校在智能时代怎样更加科学地实现教学方式变革，以提高教学质量。运用定性分析法，得出研究结论，对系统解决乡村小规模学校专业学科教师缺乏、教师专业素质不高、课程开不齐开不好等问题，进行深度反思，提出改进建议。

三、研究步骤

选题确定。采用文献研究法，系统学习国内外有关研究成果、教育理论和先进科研方法等；采用问卷调查法，深入调研长沙高新区乡村小规模学校的现状。

系统调研。采用问卷调查法，系统调研全国乡村小规模学校的办学困境与先进经验，了解乡村小规模学校的教学相关状况，撰写调研报告。

行动研究。立足长沙高新区真人桥小学，加强与当地政府、教育局、乡村小规模学校的沟通与交流，采用行动研究法，研究在智能时代，适配性应用多元数字资源，驱动乡村小规模学校教学方式变革的实施路径。

全面总结。在黄荣怀教授及研究团队的指导下，从乡村小规模学校的国内外理论研究状况、调研现状、发展困境等方面出发，基于多元数字资源适配性应用视角，深入研究智能时代乡村小规模学校教学方式变革的路径。

四、创新之处

当前，智能技术应用已经深入渗透到了教育领域，全国有一批智慧教育示范区、未来学校、智慧学校，都在深入探索智能时代的教学方式变革。在很多城区优质学校，智能设备齐全，智能技术的应用已经渗透到学校生活的

① 张志杰，冯超，李士萍．教育科研方法［M］．北京：北京师范大学出版社，2018：217.

② 周诗珏．教育科学研究方法［M］．长春：吉林文史出版社，2021：143.

各个方面，但研究用智能技术促进乡村小规模学校教学方式变革的场景和文献依然很少，本研究有以下创新之处：

(1)找到了提升乡村小规模学校教学质量的新方法。

针对乡村小规模学校普遍存在专业学科教师缺乏、教师整体素质不高、课程开不齐开不好等难题，以多元数字资源适配性应用为突破口，变革教学方式，促进提升乡村小规模学校的教学质量。从研究内容看，本研究突破单纯依靠教育投入、师资配备等惯性思维，提出充分发挥乡村小规模学校现有教师的主观能动性，应用身边可以利用的各种数字资源，如面向学生的个体任务型数字资源和技能训练型数字资源、面向教师使用的协同构建型数字资源等，促进教师变革教学方式，引领学生变革学习方式，从而提升乡村小规模学校的教学质量。

(2)构建了适合乡村小规模学校的教学新模型。

本研究构建了多元数字资源适配性应用驱动乡村小规模学校教学方式变革的教学模型：

教师查找、甄别、推荐数字资源—师生应用资源(在智能时代，数字资源是师生交流的纽带)—评价、诊断、改进数字资源(实验后确定是继续使用还是停用)，具体如图 4-2 所示。

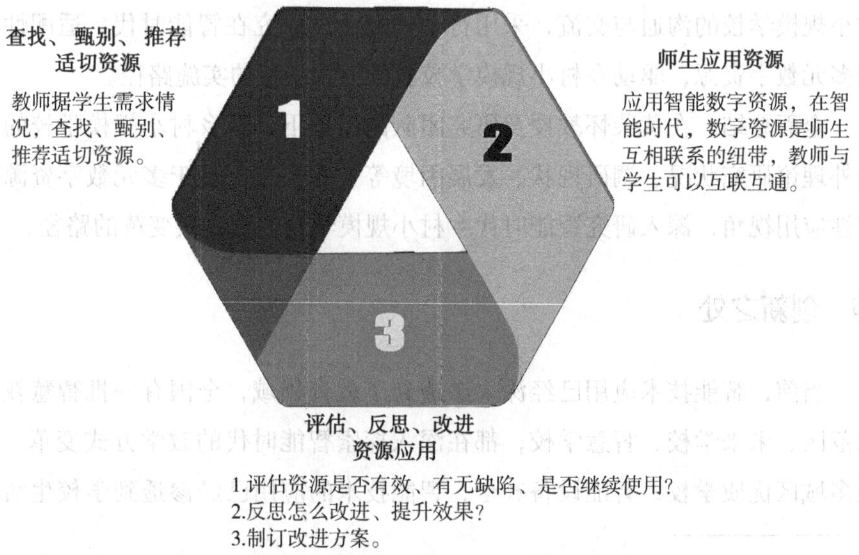
查找、甄别、推荐
适切资源
教师据学生需求情况，查找、甄别、推荐适切资源。
1
2
3
师生应用资源
应用智能数字资源，在智能时代，数字资源是师生互相联系的纽带，教师与学生可以互联互通。
评估、反思、改进
资源应用
1.评估资源是否有效、有无缺陷、是否继续使用？
2.反思怎么改进、提升效果？
3.制订改进方案。

图 4-2　智能数字资源驱动乡村小规模学校教学方式变革模型

(3)优化了乡村小规模学校数字资源的新内涵。

本研究参照专家意见，结合乡村小规模学校的实际，重点探索了个体任务型数字资源、协同构建型数字资源、技能训练型数字资源等在乡村小规模学校的适配性应用，从实践视角丰富了数字资源分类的内涵。同时，提出要适配性应用多元数字资源，特别提出数字资源应用要坚持多元性和适配性，只有这样，才能全方位促进乡村小规模学校变革教学方式，提升教学质量。

五、研究框架

本研究的研究框架如图 4-3 所示。

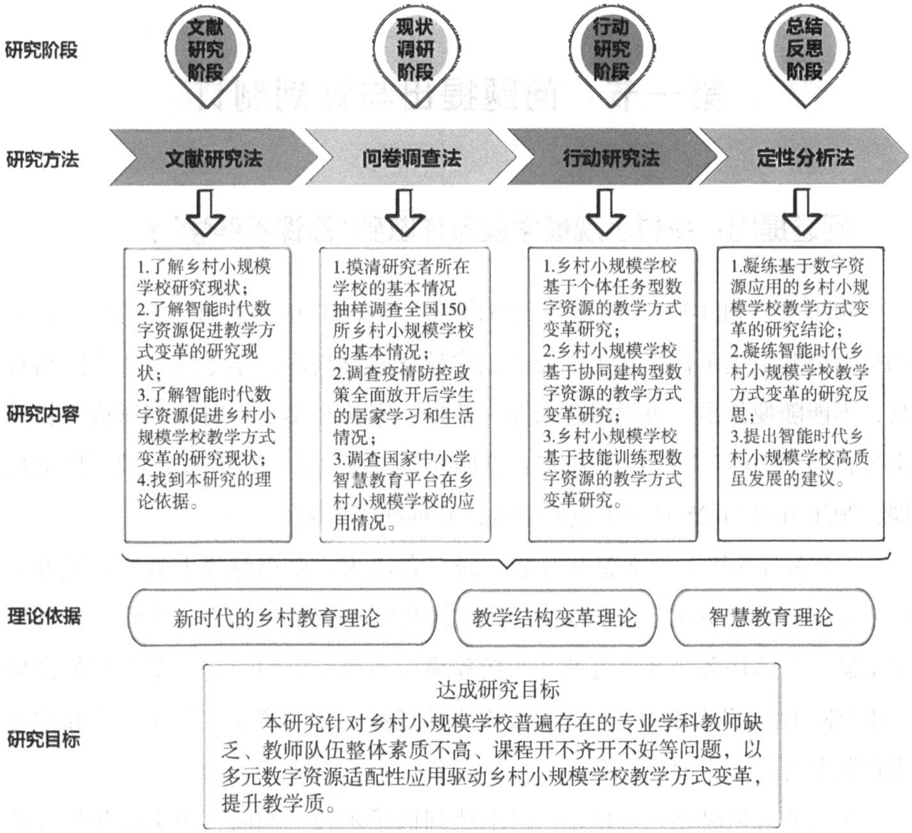

图 4-3　数字资源驱动乡村小规模学校教学方式变革研究框架图

第五章

基于个体任务型数字资源应用的研究

第一节　问题提出与计划制订

一、问题提出：乡村小规模学校怎样做到“停课不停学”？

2020 年 2 月 10 日，本来是长沙市中小学 2020 年上学期开学的日子，一场突发公共卫生事件打乱了学校的正常教育教学秩序，学生只得居家隔离观察，不能随便外出。可学习怎么办？教师、家长和学生一时不知所措。长沙市教育局 2020 年 2 月 10 日决定：延期开学，从 2 月 10 日开始，启动网上授课，2020 年 4 月 25 日学生返回学校，开展线下学习。

2 个多月的线上教学怎么开展？研究者认为，要搞好线上教学，关键在于要有优质数字资源。这类面向学生的同步学习资源可称之为个体任务型数字资源。个体任务型数字资源又叫任务导向型数字资源，它的基本特征是按一串“学习活动”来组织学习，需要有学习任务、学习资源、评价方式和学习支持服务等 4 个方面①。

优质资源从哪来？各单位一时都感到措手不及。当时，中央电化教育馆通过几年的努力，已构建了“一师一优课，一课一名师”资源库，但是，这里

① 黄荣怀，陈庚，张进宝，等. 论信息化学习方式及其数字资源形态[J]. 现代远程教育研究，2010(6)：72-73.

的网络课堂有三个不足：一是每节课都是40分钟，不适合学生在线学习；二是由于教材一直在改版，很多资源不能再利用；三是全国各地教师上传的资源有的录制质量不佳，一些视频存在看不清、听不清、声音嘈杂等问题。

收到网上授课通知后，部分城区优质学校马上组织骨干教师在录播教室录制微课，组织学生进行居家学习。但是，对乡村小规模学校而言，组织学生居家学习却是一个难事：一是学校骨干教师缺乏；二是学校没有录制高质量微课的条件；三是多数学生缺乏在线学习的条件。怎么办？长沙市教育局立即组织全市学科骨干教师、学科带头人按计划录制微课，依托湖南电信、湖南移动、长沙广电等，通过网络电视(IPTV)与有线电视网络，面向全市进行免费同步在线直播，有电视端、移动APP端、PC端等多个接口，学生可通过任一接口进入学习。

与此同时，教育部也在组织北京市的名师录制微课，发布在国家中小学教育云平台上。此时，多个校外培训机构也加入了在线教学大军，免费为中小学生提供在线同步课程。一时间，多种个体任务型数字资源出现了。2022年3月，国家中小学教育云平台又升级为国家中小学智慧教育平台。国家中小学教育云平台和智慧教育平台为开展线上教学发挥了十分重要的作用。

数字资源准备好了，全国小学生免费共享，那么乡村小规模学校的教师怎样利用好这些数字资源，组织乡村学生搞好线上学习呢？这样的在线教学方式与平时学校线下教学方式有何不同？学生居家学习期间的作业怎么检查？学生的居家学习效果如何保障？在平常，乡村小规模学校能否也利用国家中小学智慧教育平台授课？为了寻找这些问题的答案，研究者开展了三轮行动研究。本研究以该平台中的个体任务型数字资源应用为例。

二、计划制订：科学利用个体任务型数字资源

(一)第一轮行动研究：督促学生实时观看直播公益课堂

2020年2月初，长沙市教育局出台了《关于疫情防控期间“停课不停学”网络教育活动的实施方案》，对这段时间的网上授课做出6点具体要求：(1)除毕业年级外，其他年级不上新课，不按教学计划上课，按教学计划上课的时间另行通知；(2)课程采取直播方式，小学以素质教育课程为主；(3)小学

每节课为20分钟，仅安排上午上课；(4)任何平台都不能出现广告，不能诱导学生收费，不能让学生打赏；(5)不打卡、不拍照上传，不向家长布置作业；(6)提高网课视频制作质量，杜绝注入式、灌输式。

真人桥小学根据长沙市教育局安排，教师每天向家长发布作息时间，每天在家长群内发布当天的学习任务，提醒学生在家按时学习。

(二)第二轮行动研究：组织学生利用国家中小学智慧教育平台数字资源居家学习

自2022年12月14日起，真人桥小学按上级要求，暂停了线下教学。此时已进入紧张的期末复习阶段，原计划2023年1月6日进行期末考试，不得不提前3周放假，改为在线学习。在线复习阶段的教学质量如何保障？需要让学生每天按时完成当天的作业，这样才能确保学习效果。

案 例

长沙高新区真人桥小学“停课不停学”教师实施方案

目前，因国家防疫政策调整，且部分家长、学生、教师有发烧症状，为了避免人员聚集而导致病毒传播，接长沙市教育局通知，自明天起至本学期末，停止线下教学，改为线上教学。为了保障“停课不停学”，按时完成期末复习任务，特制订本应急方案。

一、“停课不停学”工作领导小组

组　长：张××　　　　副组长：朱××　　　　组　员：全体教师

二、准备工作

(一)明确要求。面对疫情，确保实现“停课不停学”，从2022年12月14日起，按照学校要求，开展居家线上教学。

(二)由教导处统筹安排，任课教师自行选择适合本年级学生的学习内容，在国家中小学智慧教育平台上搜集相关的视频教学资源，发布在联系群。在正式返校上课前，采取播放与学科相关的视频学习资源或学科微课类资源的方式进行教学。

（三）任课教师要提前备课，熟悉视频资源内容，并通过班级群、班级小管家等途径布置作业，反馈当天的作业情况。

三、教学措施

（一）结合电子教材和网上微课或课堂实录、课件等，采取线上授课。请每位学科教师提前下载电子教材，详细解读教材内容，在授课前熟悉该教材的使用。（暂定每周语文、数学、体育各 4 节，英语 1 节，每节课 40 分钟，课内 20 分钟看视频，20 分钟让学生完成作业。）

（二）资源：国家中小学智慧教育平台的同步教学个体任务型数字资源。

（三）作业布置要求：

1. 一至二年级不布置书面作业，以朗读和理解为主；或布置家务劳动、课外阅读、体育锻炼等体验型作业。三至六年级学生的书面作业通过班级小管家上传，教师进行检查；三至六年级可结合教学内容布置不超过一小时的书面作业。

2. 教师在班级小管家上将对学生的优秀作业或良好行为习惯进行表扬肯定和展示。对家长分享至班级群的学生动态进行点评、表扬。

3. 学生确因感冒发烧而不能学习的，请家长向教师请假。

长沙高新区真人桥小学

2022 年 12 月 13 日

学校还向学生发布了居家学习的建议作息时间和课表，要求家长督促孩子在家按时学习。表 5-1、表 5-2 是学生居家在线学习作息时间表和课表。学校要求教师根据作息时间表提前半小时在家长微信群布置当天的学习任务及作业。学校要求教师布置的作业不能发布太早，需保障学生有充足的睡眠；也不能发布太迟，需方便学生按时完成。学习资源尽可能来自国家中小学智慧教育平台，也可以选取其他地方的数字资源。

表 5-1　真人桥小学一、二年级居家线上学习课表

时间	节次	时间	一年级	二年级
上午		8:30—8:50	晨读	晨读
	第一节	9:00—9:40	数学	语文
	课间活动	9:40—10:00	课间操及跳绳打卡	课间操及跳绳打卡
	第二节	10:00-10:40	语文	数学
	眼保健操	10:40—10:45	眼保健操	眼保健操
	第三节	11:00—11:40	语数复习巩固	语数复习巩固
午休				
下午	第四节	2:40—3:20	劳动实践、课外阅读	劳动实践、课外阅读
	眼保健操	3:20—3:25	眼保健操	眼保健操

表 5-2　真人桥小学三至六年级居家线上学习课表

时间	节次	时间	三年级	四年级	五年级	六年级
上午	第一节	8:30—8:50	晨读			
	第二节	9:00—9:40	数学	语文	数学	数学
	体育活动	9:40—10:00	课间操 智慧体育	课间操 智慧体育	课间操 智慧体育	课间操 智慧体育
	第三节	10:00-10:40	语文	数学	语文	语文
	眼保健操	10:40—10:45	眼保健操	眼保健操	眼保健操	眼保健操
	第四节	11:00—11:40	（周二英语） 语数英作业	（周三英语） 语数英作业	（周四英语） 语数英作业	（周五英语） 语数英作业
午休						
下午	第五节	13:40—14:20	科学/思政	科学/思政	科学/思政	科学/思政
	眼保健操	14:20—14:25	眼保健操	眼保健操	眼保健操	眼保健操
	第六节	14:35—15:15	音乐/美术	音乐/美术	音乐/美术	音乐/美术

在第二轮行动研究期间，不少学生纷纷“转阳”，或者是家长已“转阳”。为摸清这段特殊时期学生的居家学习质量和身体健康状况，研究者在 2022 年 12 月 27 日至 28 日，对真人桥小学全体学生进行了问卷调查。该套问卷主要包含两个方面的内容：一是孩子的健康状况，二是孩子的居家学习和生活

情况（调查问卷见附录4）。

（三）第三轮行动研究：常态应用国家中小学智慧教育平台数字资源

进入2023年春季，经过三年的努力，新冠疫情得到有效控制，学校因传染病而导致的大面积停课现象已经很少发生了。学校进入正常教育教学状态后，乡村小规模学校怎样有效利用国家智慧教育平台上的数字资源？研究者结合自己的学校实际，展开了第三轮的行动研究，并以青海省为主，针对国家中小学智慧教育平台的应用情况进行调研。

第二节　行动过程与观察诊断

这三年中，研究者为了选择合适的数字资源进行了三轮行动研究，反映了个体任务型数字资源应用的三个阶段。

一、个体任务型数字资源应用的起步阶段

（一）本轮数字资源应用引发教学方式深度变革

2020年2月10至2月28日，长沙市教育局主要依靠各种直播平台，为学生提供防疫知识、安全知识、体育健身知识、家国情怀知识等学习内容。小学生每节网课的学习时间不超过20分钟，这段时间没有书面作业，倡导学生居家做家务、进行课外阅读、做亲子体育锻炼，学生知道了什么是在线课堂、直播课堂。3月1日至4月24日，开始上线语文、数学、音乐、道德与法治、科学等学科课程，上课的教师一般为长沙市名师或骨干教师，课程采取直播的方式，支持24小时内回看。研究者所在学校要求任课教师在家和学生一起学习，然后布置相关作业，学生通过“班级小管家”提交作业。观察发现，此段时间作业提交率较好，每天各班都能做到100%参与、100%完成作业。学生提交作业后，任课教师在手机上进行批阅。从作业提交情况看，家长很配合这段时间的居家在线学习。

（二）应用个体任务型数字资源促进信息化硬件设施提质

为了适应在线学习，家长很配合市教育局、学校，有的家长开通了网络电视，有的为孩子买了手机或平板电脑，至少保证能让孩子观看网络数字资源。刚开始在线学习时，由于突然全市几万学生同时在线学习，平台出现了网络卡顿等技术问题，后来平台运行才逐渐趋于稳定。本轮学习一方面促进了学生家庭信息化硬件水平提升，另一方面倒逼通信企业优化网络。

（三）基于数字资源应用的居家在线学习喜忧参半

喜的是学生利用数字资源进行在线学习，实现了“停课不停学”，只是学习地点、学习方式变化了，这保障了教育教学；忧的是部分学生的学习质量还不理想。2020 年 2 月没有上新课，只在上午有三节非学科课程的在线课堂，学生几乎处于半放假状态，教学计划被打乱。3 月才开始在线上新课。4 月 25 日恢复线下学习后，学校教师基本上要从第一课开始，重新上课。2020 年 7 月，长沙高新区教育局对全区 20 所小学全体三年级学生进行了教学质量监测，监测发现：学生的优秀率、合格率、平均分较往年低。说明停课期间，一部分学生可能缺乏有效监管，导致学习质量不高，值得警惕。乡村小规模学校因学生学习支持系统不完善，如部分学生在家中没有学习终端，加之部分家长外出打工导致家庭教育缺位，整体教学质量相对靠后。

二、个体任务型数字资源应用的成熟阶段

2021—2022 年，常出现某个地区全部改线上教学的情况。这个时期，如果遇到在线学习的需求，一般情况下，乡村小规模学校都会使用国家中小学智慧教育平台的数字资源。城区学校为了提高教学效果，增加课堂互动性，有很多任课教师采取直播的方式授课；而乡村小规模学校高年资教师多，很多学生无学习终端，一般不具备直播学习的条件。据研究者的观察与调查，在此阶段，学生和家长都进入了居家在线学习的“审美疲劳”阶段，不少学生存在消极对待在线学习的情况，例如边学习边看电视、边学习边玩手机游戏、边上课边睡觉等。由于教师和家长对部分学生的在线学习缺乏监督，导

致教学效果不理想。发现在线学习的弊端后，研究者曾尝试用腾讯会议上课，由于部分学生家长不在学生身边，参与研究者直播课堂学习的人数只有50%左右。

直到2022年12月7日，真人桥小学又开始了第二轮长时间的居家在线学习。研究者本轮行动研究的时间为2022年12月14日至12月30日，调查显示，这一轮在线学习呈现以下两个特点。

（一）学生健康状况影响在线学习效果

本轮行动研究最大的影响因素有三点：一是学生对线上学习的疲倦心理影响学习质量；二是部分家长无暇管理自己的孩子，学生学习的支持系统尚未建立；三是部分学生确实是因为身体不适而没有学习。

本轮学习是在突发公共卫生事件期间开展的，从各班在班级小管家上的作业提交情况来看，没有一次作业提交率达到100%，平均每次只有70%左右的提交率。调查发现，从12月7日至12月27日，有过感冒症状的学生多达63.77%，多数家长反映家中不止一人有感冒症状，但庆幸的是没有一位学生因感冒发烧住院，没有一位学生是重症。

（二）乡村学生居家学习的支持条件还不完善

在突发公共卫生事件期间，学生使用国家中小学智慧教育平台的个体任务型数字资源进行居家学习，受条件限制，教学效果不理想，无法监管学生学习，导致有些学生没有认真学习，有的不能按时提交作业。

调查显示，居家学习期间，只有约23.91%家长认为，孩子能自主认真学习，学习质量与在校学习差不多；约36.23%的家长感觉居家学习质量没有在校学习效果好；约23.19%的家长认为孩子依赖性强，只有在家长的督促下才能认真学习（表5-3）。

表5-3 居家学习情况

选项	选择人数	占比
能自主认真学习，学习质量与在校学习差不多	33	23.91%

续表

选项	选择人数	占比
能认真学习，但感觉学习质量没有在校学习效果好	50	36.23%
孩子依赖性强，在家长的督促下才能认真学习	32	23.19%
因父母要上班，孩子身边没有家长陪伴，白天无法完成在线学习	13	9.42%
孩子近期感冒了，有点影响学习	10	7.25%

有家长反馈，白天孩子父母都要上班，孩子的学习只能晚上进行。在白天，孩子处于无人监管状态。真人桥小学138位学生中，约9.42%的学生因父母要上班，身边没有家长陪伴，白天无法完成在线学习任务。学校部分教师也曾利用直播方式给学生进行复习，但每次只有少数学生能正常参加，不少学生缺乏家长的监管，居家学习比较随意。

调查显示，只有约47.10%家长认为孩子已经习惯了居家学习状态，使用手机或平板有节制，学习之余能自主进行体育锻炼、做家务劳动等；约39.13%的家长反映孩子身边如果没有家长陪伴，易沉迷手机游戏或视频；约13.77%的家长反馈孩子有点焦躁不安，除学习之外，其余事情懒得动（表5-4）。

表5-4 居家生活情况

选项	选择人数	占比
已经习惯了居家学习状态，使用手机或平板有节制；学习之余，能自主进行体育锻炼、做家务劳动等	65	47.10%
有点焦躁不安，除学习之外，其余事情懒得动	19	13.77%
孩子身边如果没有家长陪伴，易沉迷手机游戏或视频	54	39.13%

三、个体任务型数字资源应用的理性阶段

从2023年春季开始，全国中小学都正常开学了，同学们能在校园正常学习。而乡村小规模学校面临的问题依然存在，乡村小规模学校能否在学校

利用好个体任务型数字资源，驱动乡村小规模学校变革教学方式，提升教学质量呢？研究者进行了第三轮行动研究。

第三轮行动研究的主要应用场景：遇下雨，室外篮球社团活动不能开展时，研究者所在学校的体育教师会组织学生在教室观看国家中小学智慧教育平台中的课后服务资源，在线学习篮球知识；每周五的班会课，学校会有计划组织学生看一集安全教育专题或心理健康小视频，一学期下来，学生可以系统学习安全知识和心理健康知识；劳动课上，组织学生完成劳动技能训练后，如有时间，教师会安排学生观看《中国大能手》《超级工程》《大国工匠》等视频；课后服务阅读课时，教师会组织学生观看国家中小学智慧教育平台中的电影资源。

四、国家中小学智慧教育平台资源应用调查分析

2020 年刚开始的时候，因突发公共卫生事件，教育部紧急部署建设了国家中小学网络云平台，提供课程教学和专题教育两类优质资源，为支持学生自主学习和“停课不停学”、教师变革教学方式发挥了重要作用。据统计，截至 2022 年 2 月，平台上的相关课程有 64 亿次的浏览量。2022 年 3 月 1 日，教育部为进一步促进教育提质，适应智能时代的发展，国家中小学智慧教育平台正式上线，替换了原云平台①。

国家中小学智慧教育平台如何助力乡村小规模学校发展？它能否助力乡村小规模学校实现教学方式变革，缓解教师缺乏的问题，提升教学质量？研究者再次进行了一次问卷调查。2023 年 2 月 21 日至 2 月 25 日，研究者用问卷星以“国家中小学智慧教育平台在乡村小规模学校的应用情况”为主题调查了全国 556 位乡村小学校长和教师。因青海省是国家中小学智慧教育平台试点省，本次被调查对象主要来自青海省，有 528 份样本，其余有 21 份来自湖南，广西、贵州、四川各 2 份，广东 1 份(图 5-1)。调查的乡村小学大部分是 6 个班，每个年级各 1 个班的学校约占 56.53%(图 5-2)。

① 靳晓燕，周世祥．“国家中小学智慧教育平台”更新上线[N]．光明日报，2022-03-02(8)．

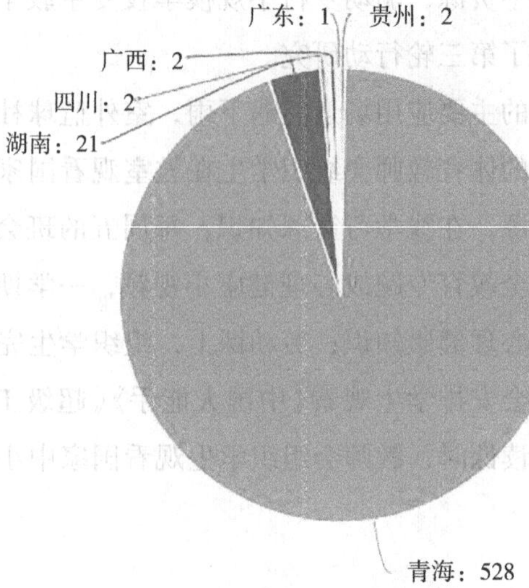

图 5-1　556 份样本的来源分布图

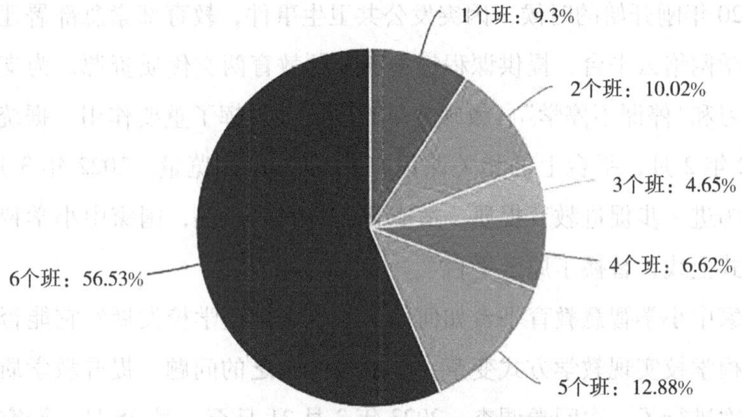

图 5-2　被调查学校的班级数统计图

（一）国家中小学智慧教育平台对乡村小规模学校有很大帮助

如图 5-3 至图 5-6 所示，约 71.38% 的教师表示对国家中小学智慧教育平台比较了解或非常了解；约 76.03% 的教师表示国家智慧教育平台对自己学校有很大或较大帮助；约 76.57% 的教师表示每天都用或经常使用国家智慧教育平台。九大应用场景中，应用最多是学生自主学习，约占 71.74%，排第二至四位的分别是教师备课（约 58.68%）、双师课堂（约 52.95%）、作业活动（约 47.05%）。

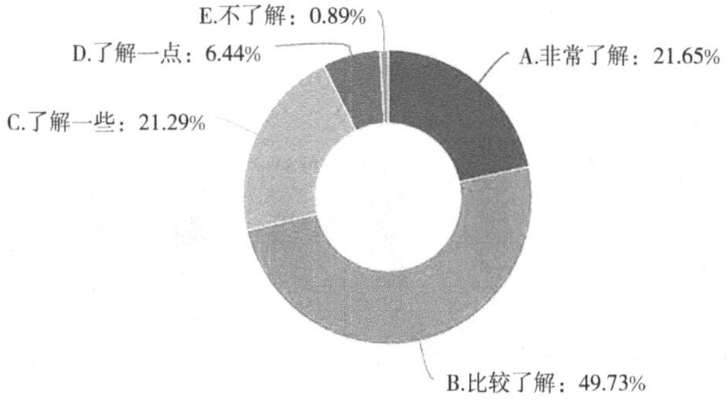

图 5-3　对国家中小学智慧教育平台的各个栏目及功能了解情况

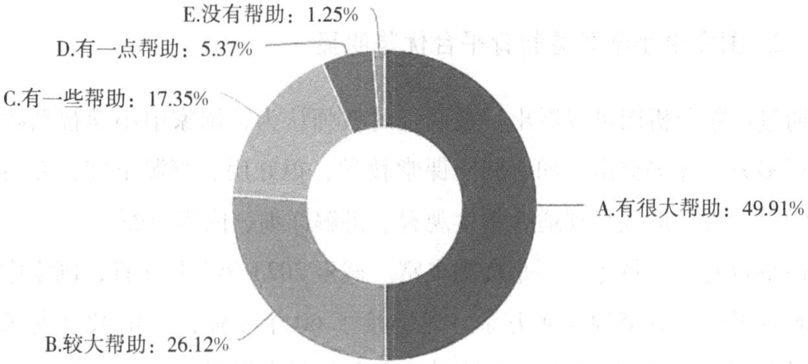

图 5-4　国家中小学智慧教育平台上线以后对学校的作用情况

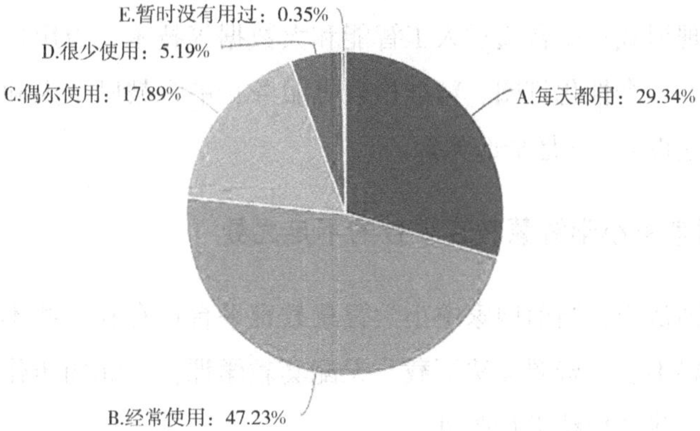

图 5-5　使用国家中小学智慧教育平台的频率情况

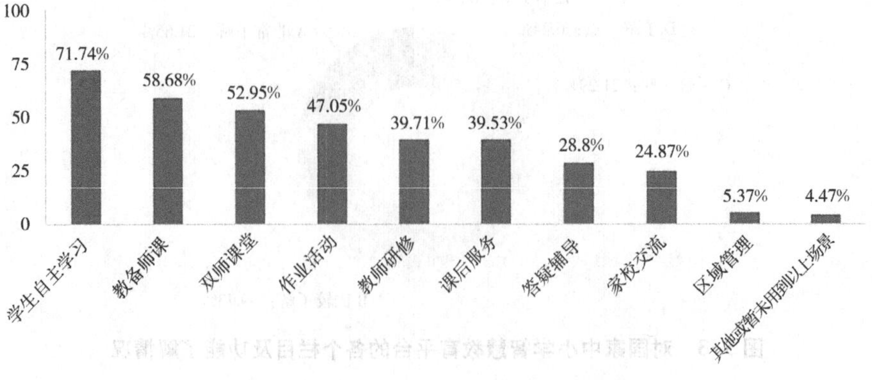

图 5-6　国家智慧教育平台九大应用场景应用情况

（二）国家中小学智慧教育平台优势明显

通过词频分析图可以看出，被调查的教师认为，国家中小学智慧教育平台在很多方面优势突出，如有利于课堂教学、很好用、资源丰富、方便学生自主学习、视频形式呈现适合学生观看、讲解详细、内容全面等。

该平台有三大特色。一是资源丰富。截至 2023 年 2 月 9 日，国家中小学智慧教育平台共有资源 4. 4 万条，还链接了 60 个专业网站的共享资源，有 66 家出版单位的 1834 册电子版教材。内容包括专题教育资源、课后服务资源、教师研修资源以及家庭教育资源。二是开放融汇。平台通过充分运用虚拟现实、人工智能、增强现实等现代技术手段，最大限度地还原真实场景，丰富资源呈现形式；平台通过人工智能和大数据等技术，为用户提供资源的智能推送推荐、个性化订阅、精准检索等服务；平台鼓励个人和有关单位参与平台资源建设①。三是全部免费。

（三）国家中小学智慧教育平台的不足之处

一些教师认为，当前国家中小学智慧教育平台也存在一些不足之处，如部分科目资料不全、资源无法下载、无配套教学课件、无同步作业、缺上册教学视频等，建议后续进行改进。

研究者也发现，在小学阶段，除《语文》《道德与法治》为国家统编教材

① 靳晓燕，周世祥．“国家中小学智慧教育平台”更新上线［N］．光明日报，2022-03-02(8)．

外，其余学科则有多种版本，导致目前部分小学课程在国家中小学智慧教育平台依然找不到资源。例如，湖南省小学英语教材普遍使用的是湖南少年儿童出版社的，小学音乐教材来自湖南文艺出版社，信息技术教材来自湖南科技出版社，这些教材在国家中小学智慧教育平台上都找不到合适的数字资源。

综上所述，行动研究与调查研究发现，国家中小学智慧教育平台为全国中小学，特别是广大农村地区、边疆民族地区、边远贫困地区、革命老区的学校开展线上教学提供了强大的支持。实践和调查发现，应用国家中小学智慧教育平台中的个体任务型数字资源对缓解乡村小规模学校普遍存在的问题有显著帮助作用，促进了乡村小规模学校教学方式变革。

第三节　行动反思

一、应用个体任务型数字资源驱动乡村小规模学校教学方式变革

（一）帮助乡村小规模学校开齐课程，变“单师课堂”为“双师课堂”

调查发现，乡村小规模学校缺乏部分学科教师问题非常普遍，音乐、体育、美术、劳动、科学、综合实践等课程，往往因没有专业教师开不齐开不好。一般情况下，乡村小规模学校的教师可以在各种平台上找到合适的视频资源，播放给学生看，缓解缺乏专业学科教师的困境。例如，非体育专业教师如果上“体育与健康”，可以利用国家中小学智慧教育平台中的数字资源进行教学，里面有体育与健康知识、运动技能、体育活动、健康服务四个类别的知识，资源非常充足。

据报道，2022 年 7 月 8 日，国家中小学智慧教育平台 2.0 版本开通上线，资源总数是之前版本的 3.1 倍，而且数量还在增加，基础教育资源在平台上变得更加丰富。2.0 版本上线了 473 门体育美育课程、3500 余条劳动教育资源。体育资源包括运动技能、体育课程、健康服务、体育竞赛等内容，

美育资源包括艺术特长、艺术课程、专项展示、艺术展演等资源①。丰富的个体任务型数字资源为开展“双师课堂”提供了便利。

（二）居家学习期间开展线上教学，变“在校学”为“居家学”

2022 年 3 月 1 日至 2023 年 1 月 30 日，不少地方因突发公共卫生事件被迫取消了线下教学，同学们采取居家学习的方式进行学习，此时，国家中小学智慧教育平台发挥着巨大作用。

学生居家学习期间，教师通常在国家智慧教育平台查找合适的教学资源，布置给学生，然后依托“班级小管家”小程序布置作业、收作业和批改作业，学生自由选择时间学习和提交作业。疫情暴发期间，学生的课程基本上没有停止，依托在线数字资源，实现了“停课不停学”的目标。

学生居家学习期间，学生的作业不能像在学校一样上交给教师，批改学生的作业成为难题。长沙高新区真人桥小学的教师发现“班级小管家”小程序可以为学生布置作业、收集作业、批改作业。教师登录后，输入当天的作业内容，学生家长在微信上就可以收到当天的作业，可以转告学生。学生做完后，通过“班级小管家”拍照或拍视频上传，教师就可以在手机上为学生批改作业，效果就像在学生的纸质作业本上批改一样，照样可以打钩打叉，还可以录制一对一的习题讲解视频。当天的作业哪些同学按时提交了，哪些没交，教师一目了然。系统还可以自动进行评价，教师还可以一键发作业、催交、提醒等。

2022 年 12 月，长沙高新区真人桥小学的学生进行了为期 13 天的在线学习，教师依托国家中小学智慧教育平台完成了新课教学，进行了期末复习，大多数学生依托国家中小学智慧教育平台完成了学期最后阶段的学业。

（三）向有需求的学生单独推送资源，变“集体学”为“个性化学”

遇到学生因事请假不能来学校，或对于基础薄弱的学生，教师可以从国家中小学智慧教育平台挑选视频资源推荐给家长，让学生依托家长手机观看

---

① 王峰. 国家智慧教育平台 2.0 上线：在平台上学习越多，推送资源越精准[N]. 21 世纪经济报道，2022-07-15(6).

名师讲解视频。每个视频一般为20分钟左右，时长较短，有利于保护视力；如果学生没有听懂，还可以反复观看。

据调查，在疫情常态化防控期间，时不时有个别学生需要居家隔离。此时，真人桥小学的教师会向学生推荐国家中小学智慧教育平台的个体任务型数字资源，让学生居家期间在线同步学习，避免了因隔离而耽误学习。

（四）进行课后服务辅导，变“单一作业辅导”为“多样性艺体培训”

应家长的需求，乡村小规模学校现在普遍都提供课后延时服务。因缺乏音乐、体育、美术教师，一般情况下，从周一到周五，乡村小规模学校课后延时服务都是作业辅导，比较单调，不利于学生的全面发展。有了诸如国家中小学智慧教育平台的个体任务型数字资源后，乡村小规模学校的教师可以利用平台上的视频，为学生开设科普教育、文化艺术、研学实践等课程，这样，学生在学校就不会感到枯燥无味了。

二、应用个体任务型数字资源需要构建支持系统

（一）数字资源供给应更加充分、多元、智能

应用个体任务型数字资源驱动乡村小规模学校教学方式变革、提升教学质量，需要有充足、丰富、适切的数字资源。以国家中小学智慧教育平台提供的个体任务型数字资源为例，未来，建议国家中小学智慧教育平台能根据学生的知识掌握程度自动推送适合学生的数字资源，充实前测和后测学习任务单，让学生根据自己的需要，实现精准化学习、个性化学习，让个体任务型数字资源更加智能、精准、全面、丰富。

（二）需要构建良好的支持系统

个体任务型资源应用面向的是个体，动力来自任务。有了适切的学习资源，还要有适切的学习任务、适时的评价反馈，以确保资源应用的效果。应用个体任务型数字资源时，教师务必布置适当的学习任务，让任务驱动学生学习。没有任务的学习，没有学习质量评价的学习，效果难以保障。

为保障学习效果，还需要家长的支持与监督。个体任务型资源应用的效

果还受师生家长信息化素养、学校和家庭的信息化环境的制约，学生必须在教师的指导下、在家长的支持和监督下使用资源，否则，效果就会大打折扣。

三、应用个体任务型数字资源有效缓解了乡村小规模学校教师配备问题

（一）减轻了乡村教师的工作负担

调研显示，乡村小规模学校因教师数量配备少，教师一般周课时多，教学任务重；因缺专业学科教师，导致教师任教学科较多，教学效果不理想。在智能时代，乡村小规模学校的教师能够基于现有条件，利用个体任务型数字资源，实现高效备课。当学生因病因事请假时，教师把个体任务型资源发给学生，让学生居家学习，既可以节省为学生单独补一次课的时间，也让学生的学习不断线。

（二）有效缓解乡村小规模学校缺专业师资、教师素质不高、课程开不齐开不好等问题

在没有办法配齐艺、体教师的情况下，乡村小规模学校的教师利用国家中小学生智慧教育平台的资源，让课程开齐开足是一个不错的选择，有效缓解了课程开不齐开不好的问题。在突发公共卫生事件期间，乡村小规模学校的学生不具备参与直播教学的条件下，乡村教师利用国家中小学智慧教育平台的同步教学视频资源，组织同学们居家学习，也能保障做到“停课不停学”。

第六章

基于协同构建型数字资源应用的研究

第一节　问题提出与计划制订

一、问题提出：线下课堂怎样实现教学方式变革?

个体任务型数字资源一般适合学生居家学习或校内教师有需要时运用，在平常线下教学中，在乡村小规模学校，专业学科教师缺乏，存在诸如语文教师任教音乐，单纯使用视频数字资源上音乐课的情况。但是，个体任务型数字资源存在弊端；使用时学生以观看为主，互动参与少；观看久了，学生容易疲劳；视频数字资源也限制了教师的主观能动性。因此，个体任务型数字资源不是乡村小规模学校日常线下常规教学的最佳数字资源。

以前，乡村教师上课时使用的多媒体课件一般由教学配套参考书提供，或是由教辅资料供应商提供，或由教师自己从网上下载，课件大多数以 PPT 为主。随着版权意识的加强，乡村教师逐渐很难从网络平台上下载免费的 PPT 课件。研究发现，某电子白板公司采用协同构建、众筹众创理念，汇聚全国教师的力量，开发了一套可以即时应用、协同构建型的课件资源库，该课件库资源融视频、音频、图片、游戏、练习于一体，交互性强，而且全部免费。该协同构建型数字资源是传统 PPT 课件资源的迭代升级版，深受中小学教师欢迎。

怎样使用该协同构建型数字资源来促进乡村小规模学校教学方式变革？协同构建型数字资源能否助力解决乡村小规模学校面临的问题？研究者组织全体教师开展了基于电子白板课件库中的协同构建型数字资源应用的教学方式变革研究。

二、计划制订：用协同构建型数字资源驱动教学方式变革

本次行动研究共进行了两轮(图 6-1)。

第一轮为“要我学”阶段(2019 年 9 月—2020 年 1 月)。研究者所在学校成为长沙高新区首批湖南省教育信息化 2.0 提升工程整校推进试点学校，必须全员完成培训，其中有很多内容是基于电子白板协同构建型课件开展的应用培训。

第二轮为“我要学”阶段(2020 年 2 月至今)。全体教师已经尝到了应用电子白板课件库中的协同构建型数字资源教学的甜头，主动学习协同构建型数字资源应用的新技术，让智能技术与课堂深度融合。

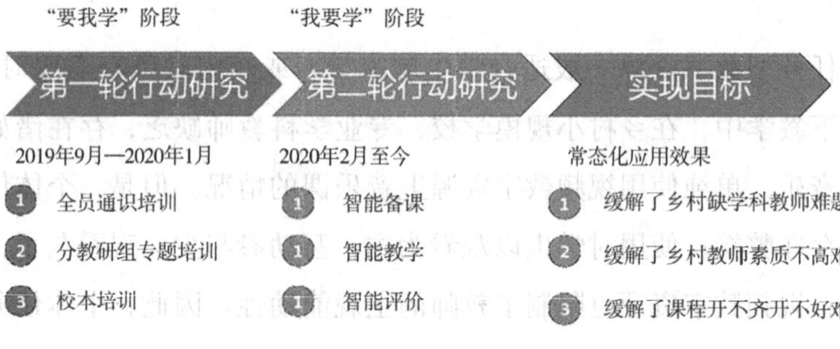

图 6-1 基于协同构建型数字资源应用研究的流程图

2020 年下学期，真人桥小学有教师 14 人，其中 45 岁以上教师 6 人，刚从大学毕业的新教师 4 人；教师平均年龄 40 岁；缺专业的体育、美术、信息技术等学科教师。为了使全体教师尽快掌握新一代电子白板课件库中的协同构建型数字资源的使用方法，研究者组织全校教师通过两条路径掌握新知识：

一是以培训促应用。信息化 2.0 培训需要以学科教研组为单元，开展专门针对本学科的应用性培训。对于乡村小规模学校而言，语文、数学教研组教师人数相对多一点，但英语、音乐、科学等学科教师往往只有一人，一般都是“单枪匹马”，无法高质量完成信息化 2.0 应用能力提升培训。此时，真

人桥小学的全体教师加入雷锋新城实验小学的各教研组，以校联体模式完成了本次信息化 2.0 全员培训。为了确保效果，本轮培训形式多样，有集中通识培训、分教研组的学科信息技术能力提升培训、有经验分享型的校本培训。经过半年的培训，全体教师都掌握了应用电子白板课件库中的协同构建型数字资源授课的方法。

二是以竞赛促提升。为了促进协同构建型数字资源应用与课堂教学深度融合，2020 年下学期开始，真人桥小学在每年 10 月、4 月开展教研活动周，持续开展多轮全员教学竞赛，以赛促学，用校本教研活动引领教师互相学习，学习怎样实现智能备课、智能教学、智能评价。

第二节　行动干预与观察诊断

经过两轮应用协同构建型数字资源驱动教学方式变革的行动研究，真人桥小学全体教师均掌握了应用电子白板数字资源教学的技能，为教学带来了新气象。

一、信息化 2.0 培训助力乡村教师信息化素养提升

2019 年 9 月—12 月，长沙高新区真人桥小学成为全区首批参与“中小学教师信息技术应用能力提升工程 2.0 全员培训”的学校之一，为开展行动研究提供了强有力的支撑。研究者与全体教师一起，沉浸式体验了基于电子白板协同构建型数字资源应用的教学方式变革。对一线教师进行了访谈，了解了教师在应用该资源驱动教学方式变革方面的经验与困惑。

本轮教育信息化 2.0 培训以“数据”为基础，以大数据、智能技术、数字资源应用辅助教育教学为目的，更加关注在教育教学实际情境中有效应用信息技术，更加注重学以致用。

经过半年的培训，真人桥小学教师全部获得湖南省“中小学教师信息技术应用能力提升工程 2.0 培训”合格证书，教师使用电子白板协同构建型数字资源授课由最开始的“要我用”变成了“我要用”。

二、协同构建型数字资源的技术优势明显

在 2019 年，教育部印发的《关于实施全国中小学教师信息技术应用能力提升工程 2.0 的意见》中提出，要全面促进信息技术与教育教学融合创新发展。

以课件数字资源为例，协同构建型课件数字资源是在信息化 2.0 的背景下设计出来的，与信息化 1.0 时代的课件资源对比，协同构建型数字资源技术含量更高，资源优势更多(表 6-1)。

表 6-1　信息化 2.0 时代和信息化 1.0 时代的课件数字资源对比

对比项目	信息化 2.0 时代	信息化 1.0 时代
资源时间划分	党的十九大以后	党的十九大以前
资源核心技术	基于大数据、人工智能等	基于互联网
资源形式	交互式课件	PPT 课件
资源依托设备	电子白板(一体机)	电脑+投影
资源交互性	交互性强	交互性弱
资源转移方式	手机扫码获取、转移	移动磁盘存储、转移
资源迭升性	在线应用、协同构建	线下应用与加工
资源登录端口	有电脑端和手机端	一般只有电脑端

三、应用协同构建型数字资源教学效果更好

通过调查，教师普遍反映利用电子白板课件库中的协同构建型数字资源上课，学生兴趣更高，教学效果更好。尽管真人桥小学是一所乡村小规模学校，但在 2020—2023 年，真人桥小学在长沙高新区六年级教学质量监测中，语文和数学的教学质量一直居全区前五位。从六年级教学质量这一维度看，该校教学质量已明显超越了一些城区学校(表 6-2)。基于此，真人桥小学的教学得到了高新区教育局的肯定，于 2023 年被授予了“教育教学质量优质单位”荣誉证书，如图 6-2 所示。

表 6-2　2020—2023 年真人桥小学六年级学生参加全区教学质量监测的情况

时间	语文	数学	全区学校总数
2020 年 6 月	全区第五	全区第二	19
2021 年 6 月	全区第一	全区第四	19
2022 年 6 月	全区第三	全区第二	20
2023 年 6 月	全区第一	全区第二	21

图 6-2　真人桥小学被高新区教育局授予“教育教学质量优秀单位”荣誉证书

通过对教师的访谈，也可以印证教师对基于电子白板课件库中的协同构建型数字资源开展课堂教学的认可。

访谈案例 1

语文，张文老师：

接触电子白板课件库中的协同构建型数字资源已经有三年多的时间，我能够较为熟练地运用里面各项辅助课堂教学的功能，孩子们在课堂上的注意力更加集中，积极性也提高了很多。自运用电子白板课件库中的协同构建型数字资源进行教学以来，我的教学效果得到了明显增强。

访谈案例 2

数学，张莉娟老师：

在平常的教学生活中，新一代电子白板协同构建型数字资源成了我这个数学教师的教学好伙伴，我几乎每节课都用到它。尤其是教学图形板块时，我可以通过一体机设备选取所需图形，然后让学生上台来对图形进行拉伸、缩短等等，学生能够通过不断地拉动图形找寻其中的规律。这让学生更加直观清楚地看到图形变化过程，有助于学生从本质上理解该数学知识点。

从两位教师的反馈看，利用新一代电子白板中的协同构建型数字资源辅助教学，提高了学生的学习兴趣，增强了教学效果。课堂上，学生看到、用到新一代电子白板协同构建型数字资源中的视频、游戏、竞赛等时，往往十分兴奋，有很强的参与欲。

第三节　行动反思

据调查，自“全国中小学教师信息技术应用能力提升工程 2.0 培训项目”实施以来，以新一代电子白板课件为代表的协同构建型数字资源非常受中小学教师欢迎，引领着新一轮互动式教学方式变革。研究者以“电子白板”为关键词在中国知网搜索，共检索到有关文献 13211 篇，说明研究“电子白板”的文献总量相当大。

一、协同构建型数字资源优势

全国乡村小学教师普遍反映，新一代电子白板课件库中的协同构建型数字资源非常实用。研究者分析，新一代电子白板协同构建型课件数字资源有以下六个优点：

（一）资源丰富

新一代电子白板课件是全国中小学教师共同备课的平台，这种大规模、在线创作的模式，使得该类课件资源有着其他课件无可比拟的优势。不仅有学科教学课件，还有专题教育、特殊教育的课件。学科教育课件涵盖小学、初中、高中三个学段，专题教育课件包括爱国教育、安全教育、心理健康教育、公共卫生教育、环保教育、行为习惯养成教育、感恩教育、励志教育、节日主题教育等内容，特殊教育课件包括培智教育、听障教育、视障教育等内容。可以说，乡村小规模学校教师需要的课件应有尽有。该数字资源库是国家中小学智慧教育平台的重要补充。

（二）备课简便

在新一代电子白板 APP 的课件库里面，全国教师共享智慧，各学科、各章节的课件条目清晰、每日更新、储量丰富，而且有全国教师的点赞排名、打分情况。一般情况下，点赞最多、下载使用最多的，往往是最优秀的课件，教师既可以直接拿来上课，也可以以此为基础进行简要修改。

以科学这一学科为例，如果要寻找教育科学出版社六年级下册《科学》第三单元“太阳系大家庭”这一节课的课件，可以登录新一代电子白板 APP，点击课件库，依次选择好学段、学科、教材版本、年级、课题等信息，课件就会出现，如图 6-3 所示。

以前，教师备课时必须老老实实坐在电脑前面，现在，新一代电子白板 APP 不仅有电脑端，还有手机端，教师可以移动备课。随着新一代电子白板 APP 的出现，教学备课变得十分简便和高效。这对乡村小规模学校教师来说无疑是福音，大大节省了时间，高效又质优。

（三）使用便捷

以前，教师必须用 U 盘或移动硬盘把所选课件资源拷贝到教室电脑上，才能开始授课，这样既费时间，也容易使电脑感染病毒。现在使用新一代电子白板协同构建型课件时，教师在手机上选择好合适的课件后，不需要再使用 U 盘拷贝了，选择好的课件会直接自动保存在云端。上课时，教师只要在教室登录新一代电子白板 APP，所选课件就能在教室电脑上使用了。可以说，新一代电子白板课件库中的数字资源不受 U 盘等存储设备的限制，乡村小规模学校的教师使用起来更便捷，突破了空间和地域限制，有利于促进城

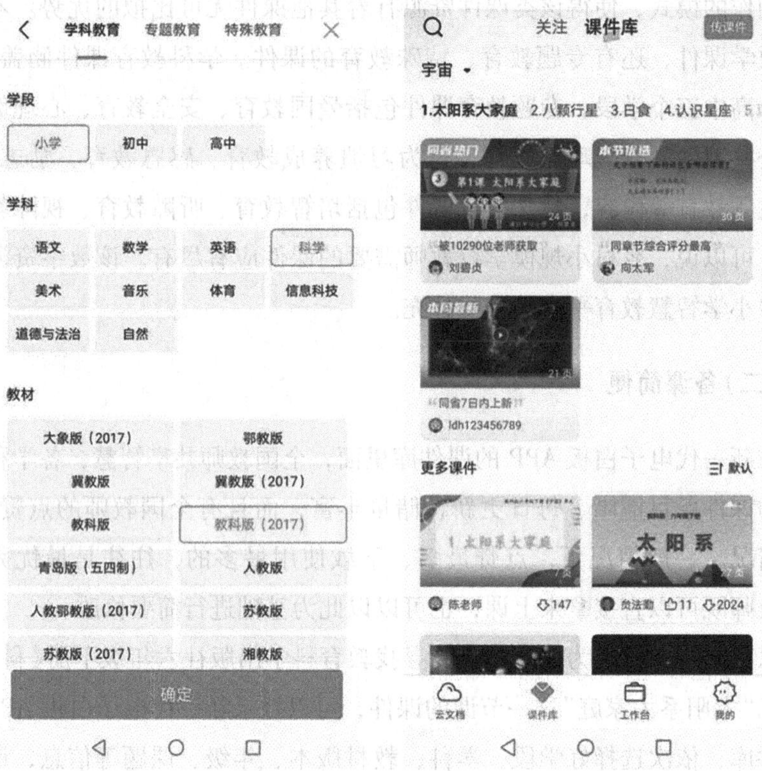

图 6-3　手机端电子白板协同构建型课件数字资源库

乡教育优质均衡发展。

（四）可以编辑

新一代电子白板协同构建型课件数字资源库中还拥有大量实用的交互功能和兼容功能，教师可以根据学生掌握的实际情况，有针对性地进行教学设计，使课堂教学更高效。教师不仅能够直接利用所选课件授课，还能对所选择的教学课件进行个性化修改，也可以把自己电脑中的 PPT 课件导入新一代电子白板课件库中使用。

（五）交互性强

课件可以用翻页笔操控，可以触摸控制，还可用电脑鼠标操控。另外，课件可以做到生生交互、师生交互、人机交互。这些课件一般融视频、图片、游戏、练习题于一体，其中的抽奖、双人知识竞赛等设计特别受学生喜欢。新一代白板课件库中的协同构建型数字资源，一般都配有音频和视频，很多还设置了竞赛环节，能极大地激发学生的学习兴趣，充分调动学生的积极性和表现欲，让学生更加专注于课堂。新一代电子白板课件库中的协同构建型数字资源有许多适合课堂教学的互动小游戏，爱玩游戏是学生的天性，新一代电子白板互动游戏对低龄学生来说，有很好的效果。真人桥小学教师朱红波反映："在新一代电子白板课件中设计游戏活动很方便，尤其是在上完新课后，教师可以围绕教学重难点设计辨析题，以游戏的形式活跃课堂，特别适合低年级学生。"

（六）资源免费

以前，乡村小规模学校的教师教学用的课件资源大多来源于教材配套光盘资源，网上能整合利用的电子资源较少，有时即使找到了，也很费时间，而且下载要收费。现在，全国很多中小学教师依托新一代电子白板协同构建型平台备课，不仅能够很方便地上传课件或下载课件，而且全部免费。

下面是研究者所在学校音乐教师的教学反思：

访谈案例 3

音乐，刘梦玲老师：我是长沙高新区真人桥小学的一名音乐支教教师，今年是在这里的第三年，短短三年，随着信息技术的进步，我的教学方式发生了很大的变化。

长沙高新区真人桥小学位于雷锋街道真人桥村，现有学生一百多人，教师十四人，是一所典型的乡村小规模学校。教师队伍以语文、数学专业的教师为主，没有专业艺体教师，刚来到这里的时候，我发现这里的每一位乡村教师都兼教了至少两门学科，有语文教师兼教英语的，有数学教师兼教美术的，也有数学教师兼教体育的，等等。真人桥小学最缺少的就是音乐、美术、体育教师，而我作为音乐支教教师，便承担起全校一至六年级所有学生的音乐教学。

2020 年 8 月，刚来到真人桥小学的时候，我感到备课压力十分大，这里用的还是比较传统的 PPT 课件，也没有钢琴，只能自己拿手机里的钢琴软件来给学生定调、指导演唱。渐渐地，我通过校联体资源共建共享的方式，拿到了雷锋新城实验小学音乐教师的课件及教案，针对不同年级的学生情况，在上课前我只需要熟悉课件及教案，并进行有针对性的修改，就能将一堂高质量的音乐课带给孩子们。

2021 年上学期开始，我又发现了一个新平台，那就是新一代电子白板 APP，里面有全国各个版本教材的课件，对每一学年的上下册都进行了分类整理，十分方便。在这里，我能够筛选优质的课件，课件里面有很多趣味游戏是孩子们喜欢的。还有一个令人惊喜的优点，那就是我再也不用担心因遗失 U 盘而导致课件丢失了，直接在一体机上打开新一代电子白板 APP，扫码登录即可使用准备好的课件，方便快捷。新一代电子白板课件库真是教师们的教学宝藏。

从刘老师的分享可以看出，乡村教师利用新一代电子白板课件库中的协同构建型数字资源备课，十分便利，还可以共享资源。

二、应用协同构建型数字资源驱动乡村小规模学校教学方式变革

（一）应用协同构建型数字资源，构建互动智慧课堂

协同构建型数字资源在课堂中是师生互动的桥梁，也改变了教师与学生在课堂上的互动模式，为建立以学生为主体的课堂教学模式奠定了基础。传统的教学方式是以“讲授式”为主，新协同构建型课件资源的互动理念能让更多学生融入课堂中来，能更加有效地开展以学生为中心的教学活动。在教学活动中，采用新一代电子白板协同构建型数字资源进行授课有明显优势。

新一代电子白板课件库中的协同构建型数字资源不受教室一体机品牌影响，只要教室有一体机或电子白板，就可使用协同构建型数字资源课件。一体机不仅仅是一块显示屏，它还是具有书写功能的电子白板，教师能直接用手指或白板笔在电子屏幕上进行书写，就像在黑板上写字一样，而且没有粉笔灰。电子白板协同构建型课件中的视频框、文本框、图片都能自由拖放、放大和组合。应用新一代电子白板课件库中的协同构建型数字资源授课时，教师还能调出诸如圆规、计时器、电子琴等学科智能工具，用触控笔或手机，就可非常方便地授课。在创设情境方面，新一代电子白板课件库中的协同构建型数字资源也有独特的优势，能更好地提高课堂师生互动性。

（二）应用协同构建型数字资源，实现智能授课

应用协同构建型数字资源授课可以实现手机投屏，直观真切。利用手机拍照或者把手机直接当摄像机，将图片内容或实时视频内容投到屏幕上，学生们看得十分真切，教师也节省了许多时间。照片投屏在讲解练习时特别有用，还可以用手指当红笔用，在上面标记，学生可以清楚地看到其他同学为什么做错了。视频投屏在做科学实验时最有用，学生们不用围在一起，任何一组学生在自己座位上做实验，其他同学都可以通过手机视频投屏看得很清楚。

真人桥小学科学教师贺娟说："我在'我们的过山车'一课的教学中，在各组设计交流环节，我借助教师助手软件上传拍摄好的过山车设计图，让各组学生大胆展示、相互评价，从而改进本组的设计方法和策略；在过山车成果展示环节，利用软件直播各组学生制作的过山车的'运行情况'，现场时而紧张刺激，时而欢呼雀跃。相比传统的教学方式，这种直观快速的演示方式更受师生喜爱。"

（三）应用协同构建型数字资源，实现智能评价

使用协同构建型数字资源上课时，很多小程序或 APP 能同时协助实现伴随式数据采集，实现智能评价。

在课堂教学中，教师可以利用"班级优化大师"APP 资源，实现随机点名，让每位同学都有均等的机会参与课堂提问、回答和讨论；教师可以即时对学生进行评价，家长端可以同步收到教师发布的表扬或提醒信息，家校互动及时，孩子的日常表现能即时反馈。

三、应用协同构建型数字资源有效解决了乡村小规模学校教师配备问题

（一）减轻了乡村教师的工作负担

调研显示，乡村小规模学校因教师数量配备少，教师一般周课时多，教

学任务重；因缺专业学科教师，现有的教师任教学科较多，教学效果不理想。在智能时代，乡村小规模学校的教师可以基于现有条件，利用新一代电子白板协同构建型数字资源，实现高效备课。

（二）有效解决了乡村小规模学校专业学科师资缺乏、教师素质不高、课程开不齐开不好等问题

真人桥小学有一位数学教师还任教道德与法治、美术，从教数学的角度看，这位教师是专业的，但兼职任教道德与法治、美术则是不专业的。乡村小规模学校平行班级少，只上一个班的数学课就达不到工作量，因此，像这样安排某专业学科教师任教其他学科的现象是很普遍的。现在有了协同构建型课件资源库，教师可以很快找到自己上课所需要的道德与法治课件、美术课件，在上课之前自己先学习，还可借鉴优秀、专业老师的课堂教学，这为保障开齐、开好道德与法治课程、美术课程打下了坚实基础。

第七章

基于技能训练型数字资源应用的研究

第一节 问题提出与计划制订

一、问题提出：乡村小规模学校缺体育教师、学生体质弱怎么办？

研究发现，在乡村小规模学校，应用个体任务型数字资源和协同构建型数字资源对提升语文、数学、英语、科学等学科的教学质量有显著效果，但对音乐、体育、美术等学科，效果却不显著。在真人桥小学，城区优质学校雷锋新城实验小学派出了音乐、美术专业教师来校支教，很好地提升了学生的艺术素养。但学校一直没有一位专业的体育教师，学生的体育技能训练缺乏专业指导，体育课一般由数学教师兼任，多半是“放羊”式上课。

2020 年 11 月，真人桥小学学生参加国家小学生体质健康监测，数据显示：122 名学生没有一名达到国家体质健康测试优秀标准，优秀率为 0。这个结果引起了全体教师的思考与担忧。学生体质不佳，何谈“教育公平而有质量”？研究发现，小学生的一天主要在家中和学校中度过，体育锻炼需要持续。能否借助智能技术，来增强学生居家体育锻炼和校园体育锻炼的效果？

二、计划制订：用技能训练型数字资源促进乡村学生开展体育锻炼

研究者进行了三轮行动研究。

第一轮行动研究主要借助一根跳绳，利用“小奔运动”小程序提供的技能训练型数字资源进行。国家小学生体质健康测试的项目有：体重、身高、肺活量、1 分钟跳绳、坐位体前屈、50 米×8 往返跑、50 米跑等项目。这些项目中，只有 1 分钟跳绳不受场地、天气和设备限制。为了促进学生体质提升，研究者从国家小学生体质健康测试项目中的 1 分钟跳绳入手，以布置寒暑假体育锻炼作业的形式，利用技能训练型数字资源，让学生在寒假和暑假时每天持续跳绳 3 分钟或跳 500 次。

第二轮行动研究除继续让学生在寒暑假每天坚持跳绳外，还增加了学校课间体育锻炼研究，同时也丰富了学生寒暑假体能训练的项目。学校依托体育器材智慧共享小屋，让学生在课间休息时可以便捷、自由地借取自己喜欢的体育器材，进行体育锻炼，从而抓好学生的课间体育锻炼。

本轮行动研究还利用 AI 感知技术支持的数字资源，让学生在仰卧起坐、开合跳、踢毽子、深蹲、俯卧撑、高抬腿、原地臂踢、原地跑、左体侧运动、右体侧运动、侧弓步蹲等 11 个体育项目中任选 2 项，进行体能训练各 1 分钟。AI 自动为学生记录数据，运动数据自动上传至长沙市中小学人人通平台，学生、家长、教师、教育局都能看到学生每天的运动情况，让学生的居家体育锻炼项目更加丰富。

第三轮行动研究在第二轮基础上增加了体育课内锻炼研究。依托智能跳绳比赛测试箱，利用技能训练型数字资源，让学生在体育课上每 10 人一组，进行 1 分钟跳绳竞赛，即时出成绩，进行现场比拼，以集体竞赛运动带动学生个体体质整体提升。三轮行动研究的流程见图 7–1。

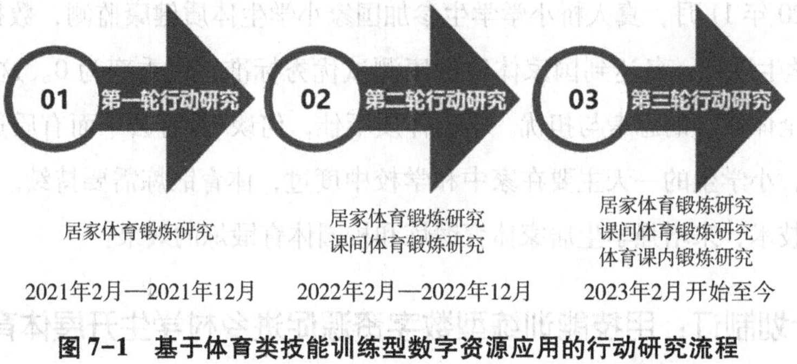

图 7–1 基于体育类技能训练型数字资源应用的行动研究流程

第二节 行动干预与观察诊断

一、行动干预过程简述

（一）第一轮行动研究回顾

学生的寒暑假持续时间长，如果缺乏家长监管，学生往往缺乏体育锻炼，容易沉迷于手机游戏，近视率、肥胖率、安全事故发生率明显上升。为了让体育锻炼成为学生寒暑假每天必做的事情之一，让体育锻炼成为学生的一种生活习惯，真人桥小学自2021年2月1日起，在寒暑假向每位学生都布置了每天跳绳3分钟或跳500次的体育锻炼任务。

怎么知道每位学生是否完成了当天的体育锻炼任务？这原本是一个难题。以前，教师一般通过家长在班级微信群或QQ群拍孩子跳绳的照片、视频的方式来监管。但这样操作起来有困难：一方面，单从一张照片很难确定学生当天是否跳了3分钟或跳了500次。另一方面，如果要求学生家长每天拍3分钟的跳绳视频发在班级群打卡，视频太大，有时发不出来。同时，打卡也加重了家长的负担，容易引起家长反感。况且，教育部也有明文规定，禁止学校要求家长每天发孩子的照片或视频进行打卡。

为了解决学生寒暑假体育锻炼监管难题，研究者在长沙高新区率先应用技能训练型数字资源，依托“小奔运动”小程序，对学生寒暑假跳绳锻炼情况进行跟踪研究。学生运动结束后，数据自动上传至长沙市中小学人人通平台，不用家长再发照片或视频进行打卡。

第一轮行动研究选取长沙高新区真人桥小学全校学生为研究对象，在2021年度的寒假和暑假开展研究。2021年2月，研究者所在学校一共有六个年级，每年级各一个班，总人数为122人，各班人数如表7-1所示。

表7-1 2021年2月真人桥小学各班人数

年级	一年级	二年级	三年级	四年级	五年级	六年级	合计
人数	15	18	27	21	25	16	122

真人桥小学分别在寒假、暑假开始前和结束后，对全校学生进行一轮1分钟跳绳成绩测试，参照《国家学生体质健康标准》，给予优秀、良好、合格、不合格四个等级的评价。分别比较学生个体在寒假、暑假前后1分钟跳绳次数的变化，比较全校学生群体寒假、暑假前后优秀率的变化。同时，依托长沙市中小学人人通大数据平台，对全校学生每天在家跳绳锻炼数据进行监测和分析，了解数据背后的规律。

（二）第二轮行动研究回顾

经过2021年的实践证明，应用体育类技能训练型数字资源能大大提高学生的体质健康水平，但在家单纯做跳绳一个体育项目太单调。除了跳绳外，学生在家能不能依托技能训练型数字资源进行其他体育锻炼？于是，从2022年2月开始，研究者继续利用技能训练型体育锻炼数字资源，启动了第二轮多项目体育锻炼行动研究。同时，学校还采购了一个体育器材智能共享小屋，课间，学生可以“扫脸”借还体育器材。课间体育锻炼变得丰富多彩，深受学生喜欢。

（三）第三轮行动研究情况

第二轮研究非常成功，学生每天进行的体育锻炼项目更加丰富了。在课间，学生能借助智能技术和技能训练型数字资源，自由借取体育器材进行体育锻炼。学生在体育课上能不能也利用技能训练型数字资源开展体育锻炼呢？为了促进学生体质健康水平更上一层楼，2023年2月，真人桥小学又引入智能跳绳集体竞赛测试箱，学生在体育课上也能利用技能训练型数字资源，开展体育课内的智能化锻炼。

二、行动研究过程实行闭环管理

（一）活动前有动员

长沙市十分重视学生寒暑假的体育锻炼。例如，2021年寒假，长沙市教育局举行了中小学生“绳彩飞扬”快乐寒假跳绳比赛，号召中小学生从2021年2月1日至2月28日，每天坚持跳绳3分钟。2021年暑假，长沙市教育局又举行了第二届“绳彩飞扬”快乐暑假跳绳比赛，号召中小学生从 2021 年 7 月 10 日至 8 月 28 日，每天坚持跳绳 500 次。2022—2023 年寒暑假，长沙市教育局持续组织中小学体能云竞赛活动。看到上级有通知、有号召，真人桥小学立刻动员全体师生家长，并在寒假和暑假顺势利用技能训练型数字资源，布置了寒暑假体育锻炼作业，让全体教师和家长达成了在寒暑假要让学生坚持体育锻炼的共识。2023 年，真人桥小学在学生日常上课期间也利用技能训练型数字资源，布置了每日体育锻炼家庭作业。目前，每天坚持跳绳 3 分钟已经成为真人桥小学学生的好习惯。

（二）活动中有监管

在活动实施过程中，我们发现，让学生坚持跳绳 1 天或 10 天很容易做到，但要让他们坚持跳 28 天、50 天却很难。在假期中，有的学生忘记跳绳了，有的学生因随家人外出旅行没带绳而不能天天坚持，有的学生因伤病不得不中途停止跳绳……如何让学生在整个寒假和暑假期间尽可能做到每天坚持跳绳呢？真人桥小学的班主任每天 19 点，依托技能训练型数字资源的自动统计功能，在班级微信群查看当天的跳绳任务完成情况，表扬每天坚持的学生，如发现当天有学生没完成跳绳任务，立即单独提醒家长。

在不打卡的情况下，教师怎么知道学生是否完成了当天的体能锻炼任务？在智能时代，有了大数据和智能感知技术的支持，学生运动结束后，数据能自动上传至长沙市中小学人人通大数据平台，家长和教师都能在手机上查看到孩子当天的运动情况。有了大数据技术的支撑，原本让教师感到鞭长莫及的学生校外体育锻炼变得容易监管。以 2021 年暑假为例，大数据平台显示，暑假 50 天中，真人桥小学共有 86 位同学做到了每天坚持运动，完成了 50 天的体育锻炼任务，顺利“会师”终点；少数学生因伤病或外出旅行等原因没运动满 50 天，大数据平台能显示某某同学哪天忘记锻炼。目前，该智能数字资源全国中小学生都能免费使用。

此外，在智能时代，学校管理员依托技能训练型数字资源的后台管理系统，每天可了解全校学生和各班的体育锻炼情况，每隔 10 天进行一次阶段小结，为学生加油鼓劲。

（三）活动后有评价

为了鼓励同学们每天坚持体育锻炼，真人桥小学采取了一系列激励措施。第一次寒暑假体能竞赛时，凡1分钟跳绳达到国家小学生体质健康标准优秀等级的，学校奖励学生一根智能跳绳；寒暑假体能竞赛活动结束后，凡在家坚持运动了30天或50天的同学，都将获得由长沙市教育局颁发的电子完赛证书，学校还会在每学期开学第一课举行集会，表彰寒暑假天天坚持体育锻炼的优秀学生，并颁发纸质获奖证书和奖品。

三、行动干预效果显著

（一）第一轮行动研究效果分析

1. 提升了学生跳绳运动水平

为了检测第一轮体育类技能训练型数字资源应用的效果，真人桥小学在2021年度寒假、暑假开始前和结束后，均对参与学生进行了跳绳水平测试。研究发现，实施了28天寒假跳绳体育活动后，真人桥小学全校学生1分钟跳绳的优秀率由约7.38%提升到了63.93%；实施了50天的暑假跳绳体育活动后，优秀率由约57.55%提升到了93.40%。具体情况见表7-2、表7-3。

表7-2　2021年寒假前和寒假后学生跳绳水平变化对比表

测试时间	测试人数	优秀者	运动强度	优秀率	备注
2021年1月13日	122人	9人	—	7.38%	这是寒假跳绳体育锻炼作业布置前的测试数据
2021年3月2日	122人	78人	寒假每天坚持跳绳3分钟	63.93%	学校布置了从2月1日至2月28日的寒假跳绳体育锻炼作业，这是寒假刚刚过后的测量数据

表 7-3　2021 年暑假前和暑假后学生跳绳水平变化对比表

测试时间	测试人数	优秀者	运动强度	优秀率	备注
2021 年 5 月 31 日	106 人	61 人	—	57.55%	六年级 16 人因即将毕业未列为暑假跳绳研究对象，这是一至五年级暑假开始前的测试数据
2021 年 8 月 28 日	106 人	99 人	暑假每天坚持跳绳跳满 500 次	93.40%	给一至五年级学生布置了从 7 月 10 日至 8 月 28 日的暑假跳绳体育作业，历时 50 天，这是暑假后的测试数据

2. 加强了学生的体质

全校学生 2021 年的体质健康测试结果显示，学生的体质健康水平显著提升。2020 年 11 月，全校学生体质健康测试的优秀人数为 0 人，优秀率为 0%。2021 年 11 月，真人桥小学全体学生参加了全国小学生体质健康测试，全校 125 位学生中，总分优秀者达 36 人，优秀率 28.8%，超过了全区平均水平，提前九年达到了《“健康中国 2030”规划纲要》中提到的到 2030 年学生体质健康标准达标优秀率 25% 以上的目标。该测试中：良好 32 人，占 25.6%；及格 57 人，占 45.6%。

(二)第二行动研究效果分析

1. 学生体质水平再度提升

经过两轮行动研究，真人桥小学学生的体质水平再上了一个台阶，纵向比较来看，2022 年 11 月，学生体质健康测试优秀率由 2021 年度的 28.8% 跃升至 66.7%(表 7-4)；横向比较来看，2022 年度学生体质健康测试优秀率为全区第二名，位于全区高水平学校行列，超过了大部分城区优质学校。这说明真人桥小学寒暑假利用技能训练型数字资源驱动的体育教学方式变革，有效促进了全校学生体质水平全面提升。目前，智慧跳绳、智慧体育已成为真人桥小学的一大办学特色。

表 7-4 近三年真人桥小学国家体质健康测试成绩对比图

测试时间	测试人数	优秀人数	优秀率	良好人数	良好率	及格人数	及格率
2020 年 12 月	122	0	0%	—	—	—	—
2021 年 11 月	125	36	28.8%	32	25.6%	57	45.6%
2022 年 11 月	138	92	66.7%	31	22.5%	14	10.1%

2. 促进了学校高质量发展

真人桥小学成为长沙高新区第一所全员应用体育技能训练型数字资源进行体育锻炼的学校，也是第一所应用智能跳绳和 AI 感知技术进行体育锻炼的乡村小学，在长沙市中小学寒假、暑假体能竞赛中，连续四次获得全区团体总分第一名，三次获得全市团体总分第四名，一次获得长沙市团体总分第三名。2022 年 12 月，真人桥小学获长沙市中小学生快暑假 AI 体能云赛(体能中队)学校优秀组织奖(图 7-2)。

图 7-2 真人桥小学获长沙市中小学生快乐暑假 AI 体能云赛(体能中队)学校优秀组织奖

2023 年 2 月，真人桥小学获评长沙市智慧体育学校案例一等奖(图 7-3)，全长沙市中小学仅有 6 所学校获此奖。2022 年，真人桥小学学生视力不良率为全区最低。2022 年 8 月，学校应用技能训练型数字资源的案例《大数据助力乡村学生体质发展研究——以长沙高新区真人桥小学寒暑假智能跳绳应用为例》获评教育部智慧教育优秀案例(图 7-4)。2023 年 9 月，学校荣获长沙市快乐暑假体能积分云赛(4 人中队)学校优秀团队奖(图 7-5)。

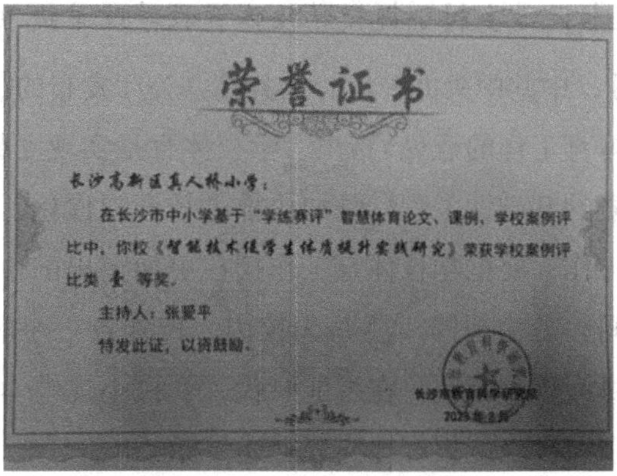

图 7-3　真人桥小学获长沙市智慧体育学校案例一等奖

图 7-4　获评教育部智慧教育优秀案例

图 7-5　获长沙市快乐暑假体能积分云赛学校优秀团队奖

以上证据表明，在智能时代，恰当使用体育类技能训练型数字资源，可以有效提升学生体质健康水平，缩小城乡差距。

3. 为智能技术促进乡村小规模学校体育教学改革提供了典型案例

2020年10月，中共中央办公厅、国务院办公厅发布的《关于全面加强和改进新时代学校体育工作的意见》指出，学校体育是实现立德树人根本任务、提升学生综合素质的基础性工程，是加快推进教育现代化、建设教育强国和体育强国的重要工作，要把学校体育工作摆在更加突出的位置；要合理安排校外体育活动时间，着力保障学生每天校内、校外各一小时体育活动时间，促进学生养成终身锻炼的习惯。在智能时代，乡村小规模学校积极使用体育类技能训练型数字资源，能很好地实现上述目标。

第三节　行动反思

一、应用技能训练型数字资源驱动乡村学生居家体育锻炼方式变革

现在，人类已进入智能时代，各种智能技术已经进入了师生、家长的日常生活。在没有一位专职体育教师的现实情况下，真人桥小学化劣势为优势，促进学生实现“养身健体”，2021年成功在全区率先引入智能跳绳，利用技能训练型数字资源，有效促进了学生校外体育活动的开展。

正是由于有了这些智能化技能训练型数字资源的支持，真人桥小学把以前难以监管的学生寒暑假健身活动做得有声有色。在智能跳绳技术成熟后，2022年暑假，长沙市教育局还利用AI技术，开展了体能云竞赛活动，除跳绳外，学生可以在手机屏幕前做开合跳、仰卧起坐、深蹲等体能训练，智能感知技术照样能实现自动计数。收到长沙市教育局通知后，真人桥小学立即组织学生训练，学生利用小程序就能参加本次活动。毫无疑问，科技赋能真人桥小学学生开展校外健身活动，大大提高了学生居家体育锻炼兴趣，让学生的居家体育锻炼变得可监测、可记录、可感知、可评价、可持续。

二、应用技能训练型数字资源驱动乡村学生课间体育锻炼方式变革

2021年以前，为了方便学生在学校自主健身，真人桥小学在全区已经率先做到了让学生体育器材随手可拿。学校把各种体育器材分类放在室外固定

位置，课间时，学生可以自由领用。但问题随之而来，部分学生不能按时归还到指定位置，把器材随意丢弃。操场上、水沟里，到处是没有及时“送回家”的篮球、乒乓球拍，很不雅观，也不利于保护体育器材。怎样既能改变这种乱象，又方便学生锻炼？

2022 年 3 月，真人桥小学采购了一个体育器材智能共享小屋，该设备与“小奔运动”数字资源中心直接相联通，学生“扫脸”就可以自动借还体育器材，很好地解决了器材乱扔难题。科技赋能，让真人桥小学学生的课间体育锻炼变得可记录、可追踪、可评价，体育器材实现了自动化管理。

三、应用技能训练型数字资源驱动乡村学生体育课堂锻炼方式变革

为了让学生在跳绳时更有参赛感和仪式感，2022 年 12 月，真人桥小学购置了 1 台智能跳绳测试箱，该套设备的好处是能同时让 10 ~ 50 位学生跳绳，不用人工数数。举行 1 分钟跳绳比赛时，由于该设备与小奔运动数字资源中心直接联通，每位学生的即时数据都能显示在大屏幕上，跳完后能自动排名，数据自动保存在云端的小奔运动数字资源中心。

该套设备让普通的跳绳比赛变得更有观赏性和竞技性，让学生的跳绳水平迅速提升。教师操作也十分简单，学生姓名直接从数字资源平台中提取，不需要再重新输入，大大提高了工作效率。

四、应用技能训练型数字资源需要构建支持系统

支持系统一方面来自家庭：为了保障学生的体育锻炼数据及时上传至数字资源中心，学生在家完成寒假、暑假跳绳体育锻炼任务时，需要在家长手机上打开“小奔运动”小程序，并打开手机蓝牙。利用该类体育类技能训练型数字资源进行锻炼，学生每天需要使用家长手机约 3 ~ 5 分钟；如果家长不支持、不配合，教师就监管不到。调查发现，有 2 位家长不配合，导致 2 位学生没有暑假运动监测数据；有 3 位家长因工作原因每天晚上 10 点后才回到家中，导致孩子每天晚上 10 点后才能完成体育锻炼任务，影响孩子休息。

支持系统的另一方面来自教师：技能训练型数字资源应用可以让教师从

收集和统计学生作业的烦琐、重复劳动中解放出来①。并不是每一位学生天生就能自律，如果没有大数据、云存储、5G和AI技术的支撑，没有教师的及时监管、督促与评价，部分学生就会渐渐忘记在家运动。学生的寒假和暑假持续时间较长，有了人工智能等新技术的支持，教师每天都能在手机上查看本班学生在家体育锻炼数据，每天可以进行总结、反馈，用过程性评价促进学生每天坚持，鼓励学生进步。活动结束后学校依托大数据平台，可以对学生的体育锻炼表现进行总结性评价，用评价表彰先进，激励后进，也可以分析校外体育锻炼活动的实施效果。

未来，建议政府、学校、家庭和企业等多方进一步加强合作，在确保数据安全的前提下，进一步打通各个信息孤岛，让智能健身设备，如智能跳绳、智能运动穿戴手环等融入每一位中小学生的生活，让技能训练型数字资源人人都能使用、处处都能使用、时时都能使用，全面提升中小学生的运动兴趣、运动技能和运动效果，更加智能地提醒学生进行体育锻炼，更加科学地指导学生健身，更加精准提升每位学生的体质健康水平，促进城乡教育一体化。

五、应用技能训练型数字资源有效缓解了乡村小规模学校教师配备问题

以体育学科为例，学生应用技能训练型数字资源进行训练并不需要专门的体育教师。在长沙高新区真人桥小学，寒暑假时，每天督促学生坚持体育锻炼的是班主任。有了大数据和数据底座，班主任每天都可以查看学生的锻炼情况，便于及时干预。在智能时代，有了AI感知技术和大数据技术，在没有专业体育教师的情况下，非专业体育教师也可以精准督促学生积极进行居家锻炼、校内课间锻炼、体育课内锻炼。

① 张泽林. 基于智能跳绳设备开展家庭体育作业的应用研究[J]. 教育信息技术，2021(6)：68.

第八章

总结与展望

没有教育信息化，就没有教育现代化。乡村小规模学校的校长和教师需要紧跟时代步伐，主动适应并探索智能时代的教学方式变革。

第一节　研究结论

毋庸置疑，当前乡村小规模学校与城区学校相比，在硬件、师资力量等方面还存在差距，参与未来学校试点的城区学校信息化设备丰富，平板电脑、无人机、机器人、智慧课桌、VR、3D 打印机等设备应有尽有，而乡村小规模学校普遍只有基本的班班通设备。这些客观现实状况一时无法改变，但这不能成为乡村小规模学校的管理者和教师安于现状的理由。在智能时代，乡村小规模学校积极应用各种适合自己学校和学生实际的数字资源是变革教学方式的可行之策，是促进乡村教育走向高质量发展道路的突破之举。

三年的行动研究证明，在智能时代，只要乡村小规模学校具备基本的办学条件，通过努力提高教师、学生和家长的信息化素养，应用多元数字资源，乡村小规模学校完全可以变革教学方式，提高学生的学习兴趣，减轻教师的教学负担，提高教学质量，促进学生全面发展，缩小城乡差距。

一、多元数字资源适配性应用驱动乡村小规模学校教学方式变革

教学工作是学校的核心工作，关系着学生的学习质量。与城镇大规模学

校相比，乡村小规模学校由于专业教师缺乏、教师整体素质欠佳、教学条件相对落后、教师工作任务繁重等原因，教师的教学方式普遍比较传统，教师一般习惯用“灌输式”的教学方法，这不利于培养乡村学生的创造力，不利于提高教学质量。现在已进入智能时代，乡村小规模学校的教师需要与时俱进，积极使用各种高质量的个体任务型数字资源、协同构建型数字资源、技能训练型数字资源，驱动学校教学方式变革，这是时代的呼唤。

（一）个体任务型数字资源应用驱动教学乡村小规模学校教学方式变革

个体任务型教育数字资源是指以特定学习任务为核心构建的数字教育资源，通常包含学习任务、学习资源、学习评价方法和学习媒体四个组成部分。这类资源形式多样，包括但不限于同步课堂视频、知识点讲解微课、在线练习等，其载体可表现为在线视频、音频、图文等形式。

以国家中小学智慧教育平台同步教学视频资源为例，乡村小规模学校应用个体任务型数字资源可以驱动教学方式变革，具体体现在：从教师组成看，可以变单师课堂为双师；从学习地点看，可以变在校学为居家学；从学习形式看，可以变集体学为个性化学习、泛在学习、移动学习；从教学媒体来看，可以变传统的班班通为家长的智能手机或平板；从学习内容看，可以变单一素材学习内容为多种素材组合的学习内容。在学生请假时或学校教师缺乏时，个体任务型数字资源发挥了重要的作用。

（二）协同构建型数字资源应用驱动乡村小规模学校教学方式变革

协同构建型数字资源指基于协同构建理念，一般指由全国教师依托某个大数据平台共同建立的数字资源库，包括教师教学用的课件、教案、作业、考试试卷等数字资源，一般适合教师上课时使用。

以新一代电子白板课件库中的协同构建型数字资源为例，乡村小规模学校应用协同构建型数字资源能够驱动教学方式变革，具体体现在：从教师角度看，变教师孤军奋战备课为全国教师协同备课；从备课方式看，变线下备课为在线智能备课；从互动方式看，变单一的师生互动为师生互动、人机互动、生生互动；从教学媒体来看，变传统的“电脑+幕布”班班通为“新一代电子白板班班通+手机”；从教学内容来看，变单一的静态课件素材为交互式多媒体动态课件素材；从课堂评价方式看，变人工评价为智能评价。

（三）技能训练型数字资源应用驱动乡村小规模学校教学方式变革

技能训练型数字资源指借助大数据和人工智能感知技术等新技术，能自动记录学生参与过程数据、改善学生某一方面能力或提升学生某项技能水平，从而促进学生参与的资源，如增强学生体能，以及训练学生英语口语和听力、书法等技能的数字资源。

以“小奔运动”小程序上的体能训练数字资源为例，乡村小规模学校应用技能训练型数字资源能够驱动教学方式变革，具体体现在：从运动量统计方式上看，变传统的人工统计为智能统计；从学生的运动方式看，变个体随机运动为群体有组织的在线比拼；从教学管理方式上看，变无序管理为智能化管理；从教学媒体角度看，变传统的无媒体参与的随机运动到用家长智能手机连接的科学化运动；从教学内容上看，变单一的运动方式为可选择的多种运动方式。

二、多元数字资源适配性应用能显著提升乡村小规模学校的教学质量

研究实践发现，乡村小规模学校应用个体任务型数字资源有利于学生进行个性化学习，特别是在突发公共卫生事件期间，乡村小规模学校的教师一般不具备直播教学的能力和条件，乡村小规模学校的学生很少有专门用于直播的平板电脑，此时，教师利用国家中小学智慧教育平台上的视频数字资源让名师给乡村小规模学校的学生上课，对缓解乡村小规模学校学科专业教师缺乏、教师整体素质不高等难题有显著作用。

例如，乡村小规模学校普遍缺音乐、体育、美术、科学等学科教师，乡村教师利用国家中小学智慧教育平台的资源给学生播放相关视频，再进行补充讲解，有利于缓解乡村小规模学校课程开不齐开不好的问题，从而有利于提高乡村小规模学校的教学质量。

另外，乡村小规模学校教师应用协同构建型数字资源可显著提高乡村小规模学校的教学质量，还能提高乡村教师的工作效率。乡村教师利用协同构

建型优质数字资源上课，不仅可以大大提高课堂教学效果，促进实现城乡教育优质均衡，还能大大减轻教师的工作负担。

同时，乡村小规模学校应用技能训练型数字资源对提升学生技能水平和教学质量有显著作用。例如，应用体育健身类技能训练型数字资源可以有效缓解学生对校内体育课堂无兴趣、课间体育锻炼缺器材、校外体育锻炼无法监管等难题，可有效提升学生的体质健康水平和运动技能，降低视力不良率，提升学校的办学水平。

本研究中应用的三类数字资源各有优缺点，互为补充。因此，乡村小规模学校只有综合应用三个方面的数字资源，才能全面提升教学质量。个体任务型数字资源可以有效解决学生居家个性化学习的问题；协同构建型数字资源对乡村教师改进教学方法、提高教学效率、减轻工作负担等有显著作用；技能训练型数字资源对提高学生的体质，对提高学生的书法、英语口语与听力等技能的水平有显著作用。这三类资源缺一不可，需要因地制宜、综合利用，因此，乡村小规模学校使用数字资源时既要讲究多元，也要注重适配。

三、多元数字资源适配性应用催生乡村小规模学校教学新模式

本研究案例中应用的国家中小学智慧教育平台上视频类个体任务型数字资源、新一代电子白板课件库中的协同构建型数字资源、“小奔运动”小程序上的体育健身类技能训练型数字资源，全国每一所乡村小规模学校都能运用，全国每位学生、每位教师都能免费使用。这三项行动研究具有很强的普适性，也不需要增加专项投入，家长使用几分钟智能手机就可以实现。这三个典型应用案例对硬件的要求都不高，每一所乡村小规模学校都可以推广应用。该成果目前已经在长沙市多所乡村小规模学校推广应用。

（一）应用数字资源驱动教学方式变革的一般模式

教师查找、甄别、推荐适切的数字资源—师生共同使用相关数字资源—评估诊断效果、持续反思改进。此过程可以根据教学需要不断循环。

在智能时代，教师查找、甄别、推荐合适的数字资源是关键，师生共同使用是基础。如果不用，无法得知该资源是否适合教师或学生，是否有问

题，等等。评估、反思、改进数字资源应用是保障。只有这样才能消除风险，高效利用资源。应用的数字资源不一样，教学模式也应有所不同。

（二）应用个体任务型数字资源的教学模式

学生居家或教师在校使用个体任务型数字资源—学生个性化学习—完成相关作业—教师评价、反馈。应用个体任务型数字资源可帮助乡村小规模学校开齐课程，变“单师课堂”为“双师课堂”；开展线上教学时，变“在校学”为“居家学”；向有需求的学生单独推送资源，变“集体学”为“个性化学”；进行课后服务辅导时，变“单一作业辅导”为“多样性技能培训”。

（三）应用协同构建型数字资源的教学模式

教师根据教学需要，在手机上或电脑上备课—找到适合的教学课件、同步习题等资源—师生共同完成教学任务—教师评价、反馈。应用协同构建型数字资源可实现智能备课、互动式授课、智能评价。

（四）应用技能训练型数字资源的教学模式

教师根据学生实际情况在网络上发布技能训练型数字资源作业—学生每天在家依托家长的智能手机，按时完成技能训练作业—教师评价、反馈学习效果—根据实际决定是否继续学习。应用技能训练型数字资源可实现智能布置任务、智能提醒、智能连接、智能训练、智能评价、长期坚持。

第二节　研究不足

一、因条件限制，研究的范围还有局限

当前，真人桥小学教学条件有限，还有很多其他智能数字资源来不及尝试。放眼城市学校，智能设备更为齐全，例如，AI 练字、智慧课桌辅助教学、智能平板电脑辅助教学、智慧心育、智慧阅读、智慧观课评课系统、智能答题器等工具或场景都比较成熟，且智能化数字资源相当充足，而这些在

乡村小规模学校都没有。

本研究只选取了三种数字资源作为研究案例，开展行动研究，研究范围还不够广。当然，研究者所在的乡村小规模学校也非常具有代表性，研究者希望在乡村小规模学校普遍拥有的基本硬件条件下开展行动研究，基于多元数字资源适配性应用视角开展研究，让现有设备发挥最大价值，充分利用各种免费的数字资源，让研究成果更好地推广到其他乡村小规模学校。

以国家中小学智慧教育平台为例，该平台中数字资源十分丰富，而且一直在不断完善更新、充实资源。尽管该平台还有一些需要改进的地方，但可以说国家中小学智慧教育平台是一座宝库，等待我们去进一步挖掘、去探索。该平台还有很多应用场景本研究没来得及去实践，仅仅用到了其中一小部分数字资源。

二、量化研究的数据处理还不够全面

本研究进行了三轮问卷调查，也收集了一些数据，但数据之间的关联和影响还需进一步分析。目前，仅从研究者所在学校的学生成绩、学生体质健康水平、视力不良率、学生参赛获奖等维度与区域学校做比较，检验教学质量提升效果，今后还可以从更多维度去验证研究效果。

第三节　研究反思

乡村小规模学校是农村义务教育的重要组成部分。国务院办公厅印发的《关于全面加强乡村小规模学校和乡镇寄宿制学校建设的指导意见》指出，办好乡村小规模学校，是实施科教兴国战略、乡村振兴战略的基本要求，是全面建成小康社会的有力举措。

在智能时代，乡村小规模学校的高质量发展并不是轻而易举可以实现的，需要多方支持、多管齐下。为了缓解乡村小规模学校学科教师缺乏、教师整体素质欠佳、课程开不齐开不好、教学质量不高等问题，应适配性应用多元数字资源驱动教学方式变革，促进乡村小规模学校高质量发展，早日实现乡村振兴。本研究综合三次问卷调查和三年的行动研究情况，提出以下六

点建议。

一、继续加大对乡村小规模学校的投入，特别是信息化专项投入

在第一轮调查的 150 所乡村小规模学校中，约 65.97% 的学校没有做到教师人手一台办公电脑，如图 8-1 所示；约 18.75% 的学校反馈班班通设备老化，故障率高，不能正常使用；只有约 35.42% 的学校的班班通设备为一体机，如图 8-2 所示。“教育新基建”的规划还需进一步落实，乡村小规模学校应加大信息化专项投入。

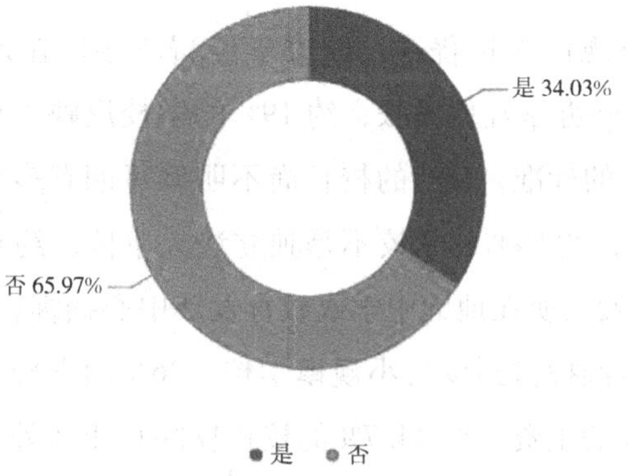

图 8-1　教师办公电脑是否做到了人手一台

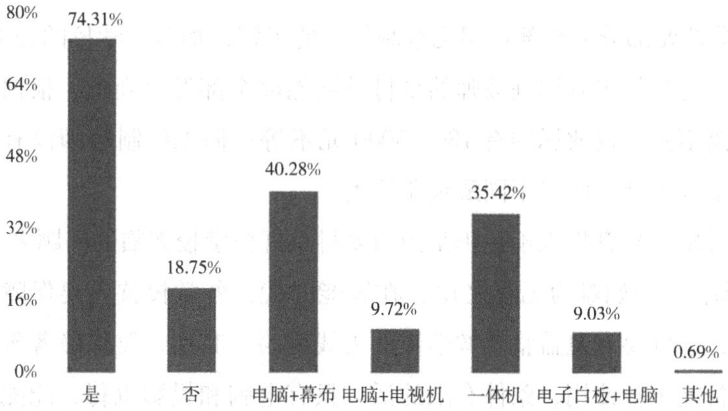

图 8-2　班班通设备配备情况

第一轮调查还显示，约 31.3% 的学校图书配备不足，约 42.7% 的学校数学教具配备不足，约 52.7% 的学校科学仪器配备不足，60.0% 的学校美术教具配备不足，约 56.7% 的学校体育器材配备不足；有约 23.3% 的学校无标准

篮球场(标准篮球场指有两个相对的篮球框，学生可以打全场)，约 7. 3% 的学校无乒乓球台，约 92. 3% 的学校无足球场，约 81. 3% 的学校无羽毛球场，92. 0% 的学校无排球场；乡村小规模学校功能室普遍配备不齐，50% 的学校无食堂、阅览室、心理咨询室、美术教室、音乐教室、少先队室等功能室，约 47. 2% 的学校无电脑室，约 36. 8% 的学校无科学实验室。

近几年来，我国加大了对乡村小规模学校的投入，极大改善了乡村小规模学校的办学条件。但是，乡村小规模学校与城区学校相比仍存在较大差距，教学器材、运动场所、功能室等配备不足的问题，仍是乡村小规模学校的软肋。

另外，乡村小规模学校普遍反映办学经费不足。在调查的 150 所学校中，78% 的学校反映办学经费紧张，约 19% 的学校反映生均公用经费低于每学生每学期 300 元的标准，12% 的校长尚不明确每期有多少可支出的办学经费。150 所学校中，约 54% 的学校不是独立法人单位，约 66% 的学校没有独立的财经账户(一般与所在地的中学或教育发展中心捆绑在一起)，上级拨付的公用经费很难足额拨付到乡村小规模学校。26% 的学校还要自筹教师的奖励绩效或临聘教师的工资，约 44. 7% 的校长反映每年要外出多方筹集办学经费。150 所学校中，无编制教师的月平均工资约为 2400 元，属非常低的水平；约 60. 7% 的学校没有为无编制教师购买五险一金，存在用工风险；约 33. 3% 的学校要部分或全部负担无编制教师的工资，加重了学校的经济负担。调查发现，近几年来有编制教师的乡村补贴能够全部发放到位，根据学校离城区的距离不同，发放标准有 180 ~ 3000 元不等；但无编制教师没有乡村补贴，而且工资太低，同工不同酬现象严重。

可以看出，教育投入不足仍是当前乡村小规模学校面临的问题之一。

俗话说："巧妇难为无米之炊。"在智能时代，各学校首先要保障网络通畅、稳定，学校要有覆盖整个教学楼的无线网络。其次，要保障各班的班班通教学设备能正常使用，条件有限的话，只有电脑和投影也行，能配上电子白板、一体机就更好。目前，网络、班班通是各学校最基础的设施，必须优先保障。

长沙高新区财政部门明确了 300 人以下的乡村小规模学校按 300 人标准拨付公用经费。乡村小规模学校的校园正常维修、设备采购等项目费用，上级部门审批通过后，即拨付专项经费。这些措施，有力保障了乡村小规模学校办学经费充足。

二、优化乡村小规模学校的教师配备

提高乡村小规模学校教学质量的关键在教师，上级部门应足额为乡村小规模学校配齐教师，因为专业教师授课比非专业教师利用数字资源授课的质量更优。使用数字资源辅助教学是乡村小规模学校在教师配备严重不足的情况下，别无选择的办法。

（一）需按班师比和师生比相结合的方式配齐教师

国务院办公厅印发的《关于全面加强乡村小规模学校和乡镇寄宿制学校建设的指导意见》指出，要按班师比和师生比相结合的方式，尽可能为乡村小规模学校配足教师。制约乡村小规模学校发展的最大因素是教师配备不合理，教师短缺现象严重、老龄化现象严重、临聘教师居多等问题的普遍存在。在乡村小规模学校，如果按 1∶19 的师生比去配备教师是不行的，应该按师生比和班师比相结合的方式去配备教师，“就高不就低”。

2021 年 3 月，湖南省委机构编制委员会办公室、湖南省教育厅、湖南省财政厅联合下发了《关于各市州公办中小学教职工编制动态调整的通知》，文件指出，“对在校学生数在 100 人以下的村小及教学点，统一按照班级与教师比为 1∶1.7 的标准单独核算基本编制”，并以此为依据对全省各市州公办中小学教职工编制总量进行动态调整。这意味着从 2021 年下学期开始，100 人以上的乡村小学将按 1∶19 的师生比配备教师。经研究发现，该文件对 100 人以下的乡村小规模学校而言可能是福音，但对 100～190 人的乡村小学将造成困扰，因为其配备的教师数将比学生数在 100 人以下的学校更少，这不够合理。表 8-1 为具体分析：

表 8-1　某省乡村小学教师配备对比分析

学校规模	小学生学生数	班级数①	按省编办文件可配教师编制数	备注
100 人及以下	≤100 人	6	10.2 人	按班师比 1∶1.7
100 人以上	101~110 人	6	5.3–5.8 人	按师生比 1∶19
	111~120 人	6	5.8–6.3 人	
	121~130 人	6	6.3–6.8 人	
	131~140 人	6	6.8–7.4 人	
	141~150 人	6	7.4–7.9 人	
	151~160 人	6	7.9–8.4 人	
	161~170 人	6	8.4–8.9 人	
	171~180 人	6	8.9–9.5 人	
	181~190 人	6	9.5–10.0 人	
	191~200 人	6	10.0–10.5 人	

问题的症结在于对乡村小规模学校的认定。研究者认为，把学生人数在 200 人以下的学校认定为乡村小规模学校，按班师比或师生比中最高的标准配备教师的做法是科学的。

（二）千方百计配齐音、体、美等学科的专业教师

本研究发现，要真正让乡村小规模学校实现高质量发展，关键还是要配齐所有学科的师资，要保障所有国家课程都能让专业教师任教。据调查，在长沙高新区，6 个班的乡村小规模学校全部按班师比 1∶2 的标准配了 12 位教师，学校的音乐、美术课程实行由城区学校教师到农村学校全职支教或走教，这一举措有力缓解了乡村小规模学校缺艺体教师的现实困难，值得借鉴。

（三）培养全科教师充实到乡村小规模学校

调查发现，当前，乡村小规模学校普遍不能配足音乐、体育、美术、科

① 假设都只开设六个班，即一至六年级各一个班。

学、信息技术、综合实践等学科的专业教师，因此建议师范院校加大全科教师培养力度，同时加大对在职教师多学科教学能力的通识以及适岗培训的力度。

三、加强对乡村小规模学校的信息化专项督导

乡村小规模学校是我国基础教育的“神经末梢”，仍是当前基础教育中的难点和堵点。因此，本研究认为，在智能时代，尤其要加强对乡村小规模学校的信息化专项督导，全面督导地方政府和学校各自的权利、义务与责任是否得到落实。没有做到的，要对相关责任人及时问责，让国家的教育政策得到及时贯彻执行。

乡村小规模学校的发展关乎教育能否整体实现“公平而有质量”的目标，建议充分发挥督导的力量。乡村小规模学校信息化专项督导的重点是什么？一方面，要重点督导当地政府和主管部门的信息化经费投入，保障乡村小规模学校有基本的信息化教学设施。另一方面，要督导乡村小规模学校的信息化设备应用，确保学校的信息化设备能正常使用，发挥最大价值。

调查发现，部分乡村小规模学校的班班通设备因年久失修而不能使用，影响教育教学，要督促相关学校及时维修。调查的150所学校中，只有24所乡村小规模学校安装了专递课堂设备，有12所学校虽然安装了，但因各种原因没有使用。实践证明，专递课堂可以有效缓解乡村小规模学校缺少部分学科教师的问题，但如果不能很好地使用，就发挥不了应有的价值。150所学校中，只有一所学校配有VR设备，而且设备仅仅用于安全教育，使用次数非常少。

2023年2月的调查显示(图8-3)，教室班班通设备经常使用、维修及时的只约占68.69%；有约10.91%的教师反映教室电教设备不太好用，维修不及时；约16.1%的教师反馈设备故障多，维修等待时间久；约4.29%的教师反馈教室没有配备电教设备。显然，在智能时代，如果教室的班班通设备经常出故障、甚至没有配备此设备，将影响教师教学。

教育大计，教师为本。教育督导是促进教育良性发展的一把尚方宝剑，期待教育督导部门把目光聚焦到乡村小规模学校，督促教育行政部门和学

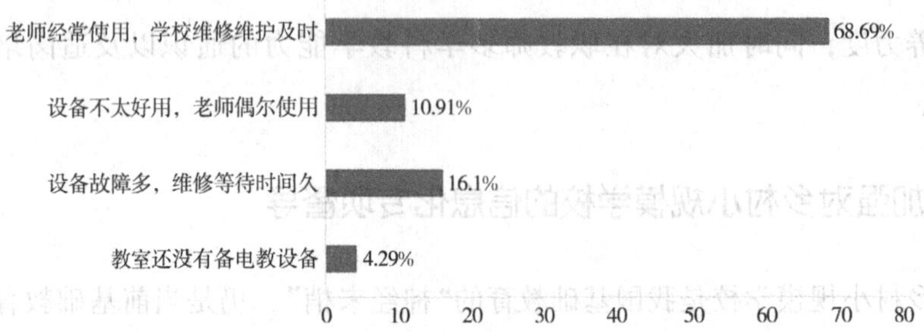

图 8-3　教室班班通的使用情况统计

校一道补齐乡村小规模学校的信息化短板，促进教育真正走向“公平而有质量”①。

四、提高师生家长的信息素养

现在，人类已经进入智能时代，学会利用智能技术，快速掌握各种有价值的信息、及时利用各种有利信息来辅助生活和工作、创造各种有价值的信息等，应该成为教师、学生与家长的必备素养。在乡村小规模学校，首先，校长要提高信息化领导力，做智能技术应用的先行者、领头羊。然后，要开展教师信息化应用能力提升全员培训，只有教师的信息化应用能力提升了，才会带动学生和家长同步提升信息化应用能力。目前，一般情况下，乡村小学每一位家长都有智能手机，教师可以通过变革教学方式，引导学生适当利用智能手机进行习题练习、查阅资料、体育锻炼等活动，引导学生不玩手机游戏，引导家长也少用手机玩游戏、少刷短视频。

目前，长沙高新区真人桥小学的硬件条件并不优越，但学校的科技教育、教育信息化氛围浓厚，教师在 2020 年全员参加了信息技术应用能力提升工程 2. 0 培训，教师应用教室里的新一代电子白板数字资源库授课已经成为常态，学生每天在家利用技能训练型数字资源坚持体育锻炼也已成为常态。

三年的行动研究发现，乡村小规模学校能在智能时代搭乘技术的快车道，变革教学方式，走优质发展道路，实现“教育公平而有质量”。要实现这

① 张爱平. 乡村小规模学校督导策略[J]. 湖南教育(D 版)，2019(11)：41-42.

一目标，得依赖教师、学生和家长有较好的信息素养。

2020 年 3 月，教育部发布的《关于加强“三个课堂”应用的指导意见》指出，要促进信息技术与教育教学融合应用、探索信息化背景下育人方式和教研模式，进一步加强“专递课堂”“名师课堂”和“名校网络课堂”应用。乡村小规模学校要充分利用好“三个课堂”的资源提升教学质量，也得依赖乡村小规模学校的教师、学生和家长都有比较好的信息素养。

五、尤其要重视对学生的情感投入

在智能时代，教师对学生的情感感化是智能技术无法替代的，这正是区别技术与人的根本所在，技术带给人们便捷、高效，但终究是一些冷冰冰的数据，此时，教师的情感投入显得尤为重要。例如，当教师收到大数据反馈某位学生没有完成当天的体育锻炼任务时，教师首先要做的不是批评，而应关心学生为什么没有进行体育锻炼，是不是身体不适或意外受伤了。无论技术如何发展，教师都不能忽视对学生的精神抚慰、关心关怀、心理疏导，只有这样，教师才不会被机器替代。在智能时代，智能技术与教师应该互补，智能技术帮助教师从简单重复的劳动中解放出来，让教师有更多时间与学生谈心，对学生进行面对面的个性化辅导。

智能时代，需要教师把促进学生发展作为学校一切工作的起点和落脚点，做好一些看似平凡的教育小事，带着情感与责任落实一些教育细节，才能收到意想不到的效果。比如，现在尽管校门口到处有监控设备，但不能用监控替代教师的现场值守。真人桥小学教师坚持早晚在校门口护学，把教育阳光服务做到最前面。在乡村小规模学校，校长室最好设在学生容易找到的地方。在成人眼中，没带水杯、手纸、文具书本等都是小事，但对孩子而言却是大事，孩子需要得到教师的关心和帮助①。这些情感投入，都是技术无法替代的。

① 张爱平. 湖南湘江新区真人桥小学：多措并举破解乡村小规模学校发展瓶颈[N]. 中国教育报，2023-03-15(5).

六、智能时代特别要重视师生的信息安全

未来，人脸识别可能成为各个大数据系统的便捷通行证。只要一“扫脸”，大数据系统就“秒进”，给人们的工作和生活提供了便利。但问题也会随之而来，只要一“扫脸”，相关的各种信息可能都出来了，学生、教师和家长的信息都有泄露的风险，很容易侵犯个人隐私。学校在推进智慧教育、利用各种数字资源时，一定要注意信息安全，必要时务必隐藏一些关键信息，以免被不法分子利用。

第四节　未来展望

一、期待乡村小规模学校成为数字资源中心

未来，笔者期待乡村小规模学校优先应用各种智能设备，成为数字资源枢纽站。学校是乡村学生智能学习的中心枢纽，依托智能技术，学校学习中心将与学生的家庭学习中心、社会各学习中心互联互通。

师生可能会“一张脸走天下”，利用人脸识别系统，每一位师生都能快速登录各类高度集成的智能终端，各种各样的智能数字资源、智能设备都能应用到乡村小规模学校，乡村小规模学校的师生搜索、应用各类智能数字资源能变得更加便捷。

二、乡村学生期待享受到优质、个性、高效的教育

有了智能技术的加持，乡村小规模学校的学生能一人一案定制化培养。在大数据、人工智能等技术的帮助下，乡村教师可实施精准教学，实现因材施教。智能机器人能更好发挥百科全书、统计分析的作用，乡村教师则充分发挥情感交流的作用。智能设备和智能数字资源的广泛应用能促进乡村小规模学校实现教学方式的新变革，人机共教可能成为常态。乡村学生的学习可无处不在、轻而易举，在线学习、移动学习、泛在学习将助力乡村学生提升学习质量。

三、教育优质均衡和城乡教育一体化将变成现实

政府将多管齐下，乡村小规模学校将更好地利用各种智能设备和数字资源，城乡教育一体化和优质均衡将变成现实，乡村小规模学校班级小、人数少的优势将进一步发挥，教育教学质量完全可以与城区学校相媲美，甚至超过城区学校。或许将来有更多城区学校的学生愿意转到乡村小规模学校就读。

第九章

乡村小规模学校发展研究实践

俗话说，一位好校长就是一所好学校。校长对学校的发展起着至关重要的作用。

在学校里，笔者始终坚持平安第一、健康第一、育人第一的办学理念，把学生的平安、健康、发展放在第一位。为了确保学生平安，笔者天天坚持早晚护学，能叫出每一位学生的姓名；为了保证学生身心健康，笔者十分重视学生校内体育课堂、课间和居家体育锻炼，学生的体质健康水平处于全区最高水平行列，近视率处于全区最低水平行列；为了促进学生发展，笔者坚持五育并举，学生的德、智、体、美、劳等五个方面的发展指标均较好，尽管学校条件处于全区最落后的乡村小学行列，但教育教学质量优秀，连续7年获全区绩效考核一等奖，学校综合实力可以与城区学校媲美。这是怎么做到的？怎么管理薄弱乡村小学？其中又有怎样的办学故事？

下面的实践案例大部分是作者发表在各级报刊的论文，清楚地呈现了真人桥小学的蝶变过程。

1 办一所小而优的乡村小规模学校

长沙高新区真人桥小学位于雷锋街道真人桥村，2018年上学期有6个年级，学生141人，教师14人，是一所典型的乡村小规模学校。

2016年7月，我主动竞聘，从城区雷锋小学来到真人桥小学任校长。两年来，在长沙高新区管委会、区教育局和对口帮扶学校雷锋小学的大力支持下，全体教师立足实际，育人为本，校容校貌大有改变，教育质量稳步提升，群众评价越来越高。学校工作既得到了中央电视台《新闻联播》《焦点访谈》《新闻直播间》的接连报道，也吸引了各级领导的关注，外校组织教师多批次来参观交流。乡村小规模学校怎样优质发展？下面是我们的实践与思考。

让文化引领发展，发掘小学校的优势

找准定位。来到真人桥小学后，我首先问自己两个最朴素的问题：我们要办什么样的学校？培养什么样的学生？《人民教育》上一篇题为《建设小而优、小而美的农村小规模学校》的文章给了我们启发。经教师会讨论，我们提出要把真人桥小学建设成一所小而优、小而美、小而特的乡村小学，培养全面发展的学生。之后，学校的一切行动都以这个目标为出发点和落脚点，这就明确了学校的发展方向。

提炼精神。文化是一个单位的灵魂和核心竞争力。为梳理构建好学校的文化体系，我们依据学校的校名、学校地处国家高新区和雷锋家乡等特有资源，提出将“致远致新、学做真人”作为学校的校训，从而明确了学校的核心精神。同时，我们将这个核心精神具体化，明确了学校的校风、教风、学风建设目标，研究、设计校徽等文化标志，学校文化体系初步形成。

形成特色。全国各地有无数所乡村小学，但只有一所真人桥小学，而且坐落在长沙高新区。如何办出我们的特色？我们认为，学校的特色应当是内涵与形式的统一。在内涵层面，坚持“教人求真、学做真人”，就是我们独特的追求；在形式层面，我们在队伍建设、课程改革等方面要贯彻落实长沙高新区创新型园区建设的要求，把“科技创新”作为教育教学的特色来建设，目前已初现成果。

用管理激活队伍，彰显小学校的优秀

激发资深教师的活力。乡村小规模学校普遍存在教师老龄化现象严重的问题，真人桥小学也不例外，10 位在职在编教师平均年龄已达 51 岁。尽管年龄偏大，但这些教师大都经验丰富，爱岗敬业，其中有 3 位老师曾担任过学校的校长，2 位担任过中层干部。为扬长避短，激发资深教师的活力，学校公开聘请他们为办学顾问。重大活动前和新学期开始前，一般都会先倾听他们的意见再行事，他们越来越理解、支持学校，工作也越来越积极主动。譬如，邢志刚老师将于2018年11月退休，他已为教育奉献了42年。尽管即将退休，他依然热情似火。他主动成立篮球社团，担任篮球教练，课余时间带领学生打篮球。2018年上学期，他带领六年级男生(全班共16人，仅9位男生)参加高新区小学生篮球赛，取得了全区第三名；带领五年级男生(全班共25人，仅11位男生)获得全区第四名。这一成绩让一些城区大规模学校刮目相看。谭佩平老师本来在2018年3月已退休，在家长的强烈要求下又继续工作。她的工作做得特别好，引领班级获得了长沙市“两型”示范班级的荣誉。

提升教师自身素养。教师素养提升工程是最重要的工程，可能也是大家最头疼的工作。我们尝试过各种培训、各种学习，也取得了一些成效。但后来我们发现，教师最好的成长方式还是实践，所以，我们尽可能地创造各种机会让教师参与锻炼。例如，肖洲老师中师毕业就到了真人桥小学，扎根学校已有36年。肖老师十分敬业，但是比较腼腆，最怕上公开课或上台发言。在雷锋小学教育集团2016年师德标兵评选活动中，老师们一致推选她为师德标兵，并推举她于教师节当天在湖南省党史馆会议室作先进事迹宣讲。为此事她哭过好几次，担心自己讲不好。在全体老师的鼓励下，肖老师积极准备，最终她的宣讲得到了片区全体老师的一致好评。2017年上学期，长沙教育学院专家点名要听肖老师执教的六年级语文课，这次她欣然接受了。就是在一次次的学习、历练、激励中，肖老师终于敢“抛头露面”了。浓厚的教研氛围让老师们迅速成长，杨霞老师参加高新区英语教学竞赛获得一等奖中的第一名；教导主任朱红波获高新区三八红旗手；邢志刚校长被评为区杰出篮球教练员；张爱平校长也被评为长沙市教育局青年岗位能手，被中国教育电视台授予“百名优秀校长奖”。

营造团结干事的氛围。在工作中，张爱平校长坚持把自己定位为“服务员”，全心为师生和家长服务。老师们的合理化建议，他都会一一采纳；为了解学生伙食情况，每天和学生吃一样的饭菜；为及时了解家长的诉求和需要，加入了每个班的微信群，向每一位家长公布了自己的电话，也有计划地去走访学生家庭。每天早上，他都在校门口迎接学生和家长，站在教育阳光服务的最前线。这些小举动，逐渐形成了师生亲密、家校和谐的良好氛围。

用课改催生活力，成就小学校的优质

教育教学是学校的中心工作，我们集中精力抓教学、抓课改，着力完善课程体系、丰富教育活动。

落实艺体课程。艺体课程难以落实，一直是乡村小规模学校面临的难题。因为乡村小规模学校学生人数少，教师配备结构不合理，严重缺乏艺体老师。感谢高新区有好政策，雷锋小学每期都有老师来走课支教4节艺体课程。但是，每位支教老师只能任教2个班，学校仍有4个班没有专业的艺体老师。为了彻底解决这个问题，2017年下学期，张爱平校长向校外培训机构求援，引进了8位爱心志愿者来校支教，基本上保障每班每周都有1节专业老师教的音乐课、美术课，以保障学生的艺术素养不落后于城区学生。除了开足、上好国家课程外，我们还因地制宜，依靠爱心志愿者，开设了电子琴、古筝、口风琴、绘画、乒乓球、篮球等社团课程。我们还成功举办了一年一度的体育节、艺术节，给学生提供展示舞台。2016—2018年，学生有39人次在区级及以上的艺术体育比赛中获奖，学校6次获团体奖。

开展科普教育课程。我们根据学校地处国家级高新区的优势，把“建科技创新特色学校”作为我们的工作目标，因地制宜，建立了文化长廊，购买了大量的科普图书放置在室外自助书吧中。2016—2018年，除了老师们在平时课堂上突出教育创新、重视科学教育外，学校还成功举办了2次校园科技节，组织了2次“深入高新企业、探寻科技奥秘”研学活动。2016年下学期，在区首届科技节中，学校团体总分居全区小规模学校中的第一名，荣获区首届科技节优秀组织单位。2017年上学期，学校圆满承办高新区科学教师教学竞赛和“我与园区同奋进、发明创造我能行”师生科技创新能力提升培训。

做精传统文化课程。学校把传承中华优秀传统文化教育融入了日常课程和活动中。2017年春季开学，举行了以“漫游诗词王国——诗词擂主大赛”为主题的开学第一课，被中央电视台多频道报道。2017年秋季开学，邀请著名书画大师、八十岁高龄“雷锋”王又元老师为孩子们主讲开学第一课——“堂堂正正做人、规规矩矩写字”。2018年春季开学，学校以“与经典牵手，和爱心同行”为主题举行开学第一课，三个环节让孩子们有仪式感、有意义、有意思地迎来新学期：经典养心——诗词赞春天，拥抱新学期；时令养生——中医进校园，弘中医文化；实践养德——捐赠压岁钱，关爱小伙伴。目前，国学课已经成为学校的校本课程。

把环境变为课程，展示小学校的优美

环境是学校的“脸”和名片，也是隐性课程。一年多来，我们站在学校文化和课程建设的高度，用心改善学校环境。

让走廊“说话”。为发挥环境育人的功能，我们结合当前社会发展和高新区企业有关的高科技，把楼梯间变成了科技长廊，把一楼走廊变成了安全教育长廊。我们还把对孩子们的期待写成了打油诗，逐句贴在楼梯间的台阶上，在细节中影响学生，内容是这样的：“富强高新区，美丽真人桥。学校像我家，感恩新面貌。人生多美好，平安最重要。课间不追跑，守规安全保。身体勤锻炼，健康第一条。吃喝讲卫生，营养睡眠好。微笑每一天，快乐生活妙。友爱身边人，矛盾不争吵。垃圾不乱扔，脏话要去掉。待人有礼貌，文明我做到。知识如海洋，奥妙真不少。勤奋乐探索，成功就来到。”各级领导对学校因地制宜打造的独特校园文化都赞不绝口。

让空房子变成少年宫。我们因地制宜、因材施教，利用仅有的一个篮球场成立了篮球社团，利用5个乒乓球台成立了乒乓球社团，利用学校闲置的20台电子琴成立了电子琴社团，利用狭小的美术画材室成立了素描社团，利用会议室成立了儿童画社团，利用闲置的杂物间成立了古筝社团，车库则成为学生的室内乒乓球场。

让每个角落成为学习课堂。为了充分利用好图书室的图书，丰富孩子们的课余生活，我们把图书室的书、老师家里自己孩子看过的书、社会捐赠的书全部放在室外。课间，学生随处可以拿到自己喜欢的图书，尽情漫游书海。我们把篮球、乒乓球分发给学生，课间可以自由玩耍。为了培养孩子们的责任感，学校还成立了集“校长小助理、文明小标兵、安全小卫士”于一体的志愿服务队，白天主要由孩子们自己管理自己。

近年来，我们放眼未来，促进孩子全面发展；结合特色，培养孩子科技素养；立足校园，建立自助阅读之家。2016—2018年来，一所原本名不见经传的乡村小学接待市内外领导参观达 16 次，中央电视台、湖南教育新闻网、湖南教育电视台、湖南日报等省级及以上媒体专题报道学校 19 次，承办全区大型教育教学教研展示活动 4 次。学校的变化可谓脱胎换骨，硬件和软件同步在提升。“教人求真、学做真人”“以雷锋精神兴校育人”等核心理念跃然于教学楼墙壁上；过去杂乱的房间变成了学生发展特长的乐园；楼梯间激荡着孩子们的科技梦想；走廊上的开放式书吧成了孩子们自由阅读的海洋；原本昏暗的教室在全区率先装上了护眼灯；学校年终绩效考核连续几年为全区小规模学校第一名……金杯银杯，不如老百姓的口碑；金奖银奖，不如老百姓的夸奖。欣慰的是，每位家长对长沙高新区教育、对学校工作都非常满意。学校尽管地处征地拆迁区，学生人数却逐年攀升，可以看出家长渐渐安心让孩子就近入学，他们用行动为学校投下了满意的一票。

如今，这里的孩子向真、向善、向美，这里的老师敬业、专业、乐业。我们正借着长沙高新教育“均衡发展”“优质发展”“集团发展”的东风，努力建设一所教育质量更优、环境更美的精品乡村小规模学校，促进教育公平、优质发展，办人民满意的教育。

（本文刊于《湖南教育（A 版）》2018 年第 8 期，有改动）

2　立足高新园区　培养科学素养

曾丽花　张爱平

这是一所很平凡的农村小学，现在只有 6 个班，141 位学生，14 位老师；这也是一所很不平凡的乡村小学，近一年时间里，被中央电视台《新闻联播》《焦点访谈》《新闻直播间》等节目相继表扬 5 次，教育部领导也专程来校视察。该校抓住地处高新区的特点，因地制宜，特别注重培养学生的“科学精神”核心素养，让学校走上了特色发展道路。

科技制作比赛，探寻科技奥秘

学校每年九月都会举行校园科技节。2017 年 9 月，该校举办了以“走进科技创造梦想”为主题的第二届科技节活动，旨在通过科学制作竞赛、研学旅行、走进企业等活动激发学生爱科学、学科学、用科学的热情，提高学生的科学文化素养。小汽车制作比赛全校学生均参与，掀起了一股科学探索热潮。

“哇，他的小车居然能跑这么远，估计有四米了吧。”2017 年 9 月—10 月，真人桥小学举行了小汽车制作竞赛，各班参赛同学纷纷拿出自己制作的小车，展示自己近半个月来的动手成果。“制作的小车不仅要求能承载一定重量的砝码，而且本身不能超重 200 克，还要求能运动到最理想的距离，这是要花一些心思的，对小学生来说，确实有点挑战。不过，我看到孩子们都十分感兴趣。”科技辅导老师胡佳如实说。

比赛现场，各班参赛选手以班级为单位，有秩序地排队参赛。孩子们都跃跃欲试，每位同学都想让自己的小车能跑得更远。随着裁判一声令下，比赛开始了。为比赛准备了一周的周伯言同学，拿出自己精心制作的小车，小心翼翼地放在比赛专用的斜坡上，放上砝码，小车飞速地沿着坡面行驶，最终赢得了初赛。

“参加这种科技制作比赛，孩子们可以摸索出制作过程中哪些步骤重要，哪些作用轻微，这样可以增强我们的实际动手操作能力。”五年级科学辅导老师谭佩平在陪孩子们参加完比赛后说。

这次小汽车制作比赛深受同学们喜欢，一辆小小的模型汽车到他们手中就有了说不完的名堂，调整角度，调试配重，更换粗细长短不同的车轴。通过反复实践，同学们发现了一些技巧，比如：车子的前后两个轮子之间的距离不能隔得太近，不然会影响速度；车子轮胎的直径越大，小车运行的距离就更远。小小的小汽车制作比赛让同学们摸索到了科学的门道，感受到科学和社会、日常生活的关系，大家乐在其中，由最初的简单参与变成了主动探究。

深入高新企业，感受科技魅力

学校每年都会组织学生走进园区高新企业，开展研学活动。“好神奇，水从这个箱子到那个箱子就变清了！”近日，该校组织学生开展“深入高新企业，探寻科技奥秘”的研学之旅，孩子们走进企业，探索电力和水资源奥秘。

同学们首先来到“时光隧道”，隧道两旁的电子显示屏展示了中国电力发展历程，而在该公司工程师王叔叔的讲解中，同学们了解到了中国水利发展的情况，为祖国水利事业取得的成绩而自豪。

接着，同学们来到了模型展示厅，展示厅内的电力设备、发电模型等，都引起了大家极大的兴趣。同学们在看到净水设备时，都争先恐后举起手向讲解的王叔叔提问："这里面是面条吗?"王叔叔笑着答道："这里面可不是面条，这是 MBR 膜组件。""MBR 膜组件是干什么用的呢?"感受到同学们对净水设备的热情，讲解工作者于是为同学们细细道来："这是可以把脏水变成干净水的好东西……"听着王叔叔的讲解，同学们才明白原来水是这样净化出来的。

在近两个小时的参观中，讲解员王叔叔将大家带入展厅，通过演示、互动等方式，使学生在参观体验的同时学习了水电知识，知道了水轮机有冲击式、斜击式和混流式的，发电机有立式和卧式的，电力变压器有自冷和风冷的。还知道除了水力发电，我们国家还有火力发电、风力发电、太阳能发电、生物发电等等。

同学们还相继探索了机械奥秘，了解了 3D 打印技术的发展与应用。参观结束之后，同学们纷纷表示，这样的科技研学活动让他们感受到了科技的无穷魅力，大大激发了他们对科学文化知识的兴趣。

如今，这所农村小学以其独特的科技特色魅力，成了高新区一所小而优、小而美的小学，成了高新区重点推介的身边好学校，成了高新区优质发展、均衡发展、特色发展的示范学校。

（本文刊于《湖南教育(D 版)》2018 年第 1 期，有改动）

3 真人桥小学家长学校构建立体课程体系

2016 年 7 月以前，长沙高新区真人桥小学全校性的家长会很少开，没有成立家长学校，家校关系经常处于紧张状态。2016 年 9 月，笔者主动竞聘，从雷锋小学来到真人桥小学任校长。来到学校后的第一件事就是和全体教师以"想家长之所想、急家长之所急"为己任，成立家长学校，家长学校课程得到有效实施，逐渐构建了家长学校立体课程体系，促进了学校的优质发展。

进行问卷调查，了解家长需求

为了收集真人桥小学学生家庭教育现状、家长家庭教育的真正需求、当前学校家长学校课程实施效果等信息，笔者进行了多轮问卷调查。例如，2017年12月4日、12月5日、12月6日分别对家长进行了不同的问卷调查。前两次着重了解家长的需求，为农村小学家长学校课程实施收集意见；后一次着重调查家长对学校的满意度，间接了解近年来家长学校课程实施的效果，收集家长对学校发展的合理化建议。调查发现：

(一)农村小学家长学校课程实施迫在眉睫

1. 农村小学家长文化程度普遍不高

从表9-1可以看出，该农村小学孩子父母的文化程度普遍不高，孩子父亲的文化程度为初中及以下的占55.12%左右，母亲的文化程度为初中及以下的占53.22%左右，普遍只具有初中及以下学历，证明了农村小学家长学校开设的必要性和紧迫性。

表9-1 家长父母文化程度调查

调查问题	调查项与年级	一	二	三	四	五	六	合计	占比
孩子父亲文化程度	父亲文化本科及以上	2	0	2	0	1	0	5	3.94%
	父亲文化专科	2	2	1	1	1	0	7	5.51%
	父亲文化高中、中专	17	7	5	6	7	3	45	35.43%
	父亲文化初中	9	15	6	11	11	8	60	47.24%
	父亲文化小学或没上学	2	0	2	2	3	1	10	7.88%
孩子母亲文化程度	母亲文化本科及以上	0	0	0	0	0	0	0	0.00%
	母亲文化专科	5	3	1	1	0	0	10	8.06%
	母亲文化高中、中专	16	8	8	7	7	2	48	38.71%
	母亲文化初中	10	10	3	11	11	11	56	45.16%
	母亲文化小学或没上学	1	2	3	1	3	0	10	8.06%

2. 农村小学家长普遍认为学校有必要进行系统家庭教育知识培训

从表 9-2 可以看出，家长普遍认为家庭教育是一门学问，学校有必要组织系统培训，占比高达 90.24%。

表 9-2　家长对家长学校课程实施态度的调查(多选)

调查问题	年级	一	二	三	四	五	六	总数	占比
	回收问卷	14	10	18	0	25	15	82	
家庭教育是自发的，还是需要培训提高能力	家庭教育是一门学问，学校有必要系统培训	12	9	18	0	23	12	74	90.24%
	现在信息发达，完全可以通过微信、QQ 等社交平台学习	2	2	0	0	2	3	9	10.98%
	顺其自然，树大自然直	1	0	0	0	0	0	1	1.22%

3. 二孩已经成为农村小学家长的普遍趋势

从表 9-3 可以看出，该校随着国家二孩政策的推进，学生家长中有两个孩子已经成为普遍现象，相对独生子女居多的时代而言，现在家长的经济负担增大，由此产生的教育问题更多，家长、学校应多关注二孩的教育问题。

表 9-3　家长孩子个数调查

调查问题	调查项与年级	一	二	三	四	五	六	合计	占比
—	回收问卷	32	24	17	22	23	13	131	—
孩子个数	一个孩子	11	8	8	6	6	6	45	34.35%
	二个孩子	19	14	8	14	15	6	76	58.02%
	三个孩子	2	2	1	2	2	1	10	7.63%

4. 农村小学家长对孩子存在不满意

从表 9-4 可以看出，目前该校家长对孩子很满意的比例不足 50%，还有一半以上的家长对孩子的教育存在不满意、困惑与焦虑，这反映出学校成立家长学校非常有必要，也很紧迫。

表 9-4　家长对孩子表现满意度调查

调查问题	调查项与年级	一	二	三	四	五	六	合计	占比
家长对孩子表现的评价	对孩子很满意	18	12	6	7	17	5	65	49.62%
	对孩子一般满意	10	6	9	11	3	6	45	34.35%
	未填	4	6	2	4	3	2	21	16.03%

从表 9-5 可以看出，家长对孩子入学以来的表现满意的仅约占 25.61%，认为还可以的约占 65.85%，家长学校课程实施的一个间接的效果就是要提高家长对孩子的满意度。可以看出，此项工作还任重道远。

表 9-5　孩子入学以来，您对孩子的表现是否满意

调查问题	年级	一	二	三	四	五	六	总数	占比
	收回数量	14	10	18	0	25	15	82	
孩子入学以来，您对孩子的表现是否满意	满意	3	4	3	0	7	4	21	25.61%
	还可以，但有些小问题	11	6	11	0	17	9	54	65.85%
	问题不少，感到困惑	0	1	4	0	1	1	7	8.54%
	不满意	0	0	0	0	0	0	0	0.00%

从表 9-6 可以看出，能写出孩子 5 个及以上优点的家长仅约占 25.38%，再次说明家长对孩子的表现尚不满意。

表 9-6　家长对孩子优点的知晓情况调查

调查问题	调查项与年级	一	二	三	四	五	六	合计	占比
请写出您孩子的优点	能写出孩子 0 个优点个数	2	3	3	2	1	3	14	10.77%
	能写出孩子 1-2 优点个数	6	5	3	7	5	5	31	23.85%
	能写出孩子 3-4 优点个数	16	12	3	8	11	2	52	40.00%
	能写出孩子 5-8 优点个数	9	4	8	4	6	2	33	25.38%

（二）农村小学家长学校课程需求既有集中性，又呈多样化

1. 农村小学家长需求最大的课程是孩子学习能力培养、道德品质教育与行为习惯教育等

为了解家长对家长学校培训内容的需求情况，本研究设计了一个多选题。从表9-7可以看出，家长对孩子学习能力培养、道德品质教育、行为习惯养成、健康与营养知识等四个方面的培训意愿强烈，分别约占80.15%、75.57%、74.81%、68.70%，这给学校的课程设置给予了帮助。少数家长还提出了一些个性化需求，也值得关注。

表9-7　家长学校课程需求调查（多选）

调查问题	调查项与年级	一	二	三	四	五	六	合计	占比
家长学校培训内容调查	行为习惯养成	24	20	12	17	16	9	98	74.81%
	健康与营养知识	18	18	10	16	19	9	90	68.70%
	亲子沟通	14	8	5	13	9	9	58	44.27%
	学习能力培养	26	22	12	18	15	12	105	80.15%
	情商教育	10	6	8	12	11	3	50	38.17%
	道德品质教育	27	19	11	15	20	7	99	75.57%
	其他（亲子、感恩、心理、安全与法治、国学、个性化、职业规划、特长发展）	3	1	0	1	0	0	5	3.82%

2. 家长最困惑的问题是孩子没有好的学习方法，以及怎样提高孩子的学习成绩

从表9-8可以看出，目前家长最困惑的是学生的学习，约占47.33%，其次是生活自理能力方面，约占27.48%。

表 9-8　家庭教育中面临的最大问题调查(多选)

调查问题	调查项与年级	一	二	三	四	五	六	合计	占比
家教问题	家庭教育无问题	3	0	2	2	2	0	9	6.87%
	和孩子没有共同语言	1	3	0	2	0	4	10	7.63%
	孩子总要买着买那	10	5	2	2	5	1	25	19.08%
	孩子生活自理能力弱	8	9	3	9	4	3	36	27.48%
	孩子没有伙伴	1	5	2	0	1	0	9	6.87%
	孩子没有好的学习方法	16	12	7	9	12	6	62	47.33%
	其他(拖拉、爱玩、脾气大、自信心、粗心、学习积极性、自觉性、能力差、缺父母陪伴、懒	6	3	6	2	0	0	17	12.98%

从表 9-9 可以看出，在该小学，孩子的学习基本上由孩子自己负责，家长不怎么操心的约占 71.95%，这可能是农村小学的普遍情况。一方面，因为家长无暇顾及；另一方面，家长自身文化程度较低，无能力辅导。另外，孩子的阅读情况仍需要加强，说明学校家长课程很有必要开设亲子阅读、孩子阅读方法指导等课程。

表 9-9　孩子作业完成情况与课外阅读情况调查

调查问题	年级	一	二	三	四	五	六	总数	占比
	回收问卷	14	10	18	0	25	15	82	
您的孩子作业完成情况怎么样?	自己知道学习，不用怎么操心	12	6	11	0	20	10	59	71.95%
	需要大人多次提醒才能完成	2	2	3	0	4	3	14	17.07%

续表

调查问题	年级	一	二	三	四	五	六	总数	占比
	回收问卷	14	10	18	0	25	15	82	
	顾不上管他，反正会写完	0	1	1	0	0	0	2	2.44%
	作业拖拉磨蹭	1	1	4	0	1	2	9	10.98%
孩子目前阅读情况如何？	喜欢阅读，每天至少30分钟	0	2	5	0	3	2	12	14.63%
	有阅读意识，需要督促	9	8	5	0	12	8	42	51.22%
	喜欢看漫画类读物	6	2	7	0	7	2	24	29.27%
	忙于作业，没时间阅读	2	0	0	0	1	0	3	3.66%
	不喜欢阅读，电子产品使用多	1	0	4	0	4	3	12	14.63%

调查还发现，农村小学家长学校课程实施的时间最好是下午，频次以每期1~2次为宜。从表9-10可以看出，绝大多数家长同意下午举行家长会，约占74.59%，且认为每期举行1~2次家长学校的培训为宜，这给学校提出了很好的参考意见。

表9-10　家长学校课程实施的时间与频次调查

调查问题	调查项与年级	一	二	三	四	五	六	合计	占比
家长培训何时举行为好	上午开	4	3	1	2	12	1	23	18.85%
	下午开	24	17	15	15	10	10	91	74.59%
	晚上开	1	3	0	2	1	1	8	6.56%
家长学校培训频率	每期1次	5	11	5	9	12	5	47	38.52%
	每期2次	17	10	8	11	9	5	60	49.18%
	每期3次	6	2	3	1	2	1	15	12.30%

根据需求开课，传播家教理念

进行问卷调查后，我校家长学校课程的开展就更具有针对性。2016 年 9 月，我校成立了家长学校，每期都按计划进行了家长学校的授课，通过 这种方式，让家长增进了对学校的了解，掌握了一些基本的家庭教育方法。2016 年 9 月 11 日，我校首先对一年级家长进行了专题培训，主题为“孩子上一年级了，您准备好了吗?”校长为全体家长做了主题培训，一方面汇报了学校办学理念和校园新变化，让家长明白了老师们的良苦用心，懂得了学校和家庭是一条战线，让家长能理解并支持学校的发展；另一方面，讲述了怎样当好一年级家长，让家长知道如何为孩子准备文具、如何指导孩子完成少量的实践作业、如何指导孩子进行课外阅读等。

2016 年 9 月 26 日，我校召集二至五年级家长，借用外单位的会场，举行了二至五年级家长学校开班典礼暨首次培训。校长向家长传达了学校新的办学理念、近况与未来发展愿景，然后以“好家长成就好孩子”为题做了家长学校的首次培训，希望家长为孩子打好一个基础——让孩子拥有健康的身体和心理；树立两个观念——做人比成绩更重要，人生处处是起跑线；创设三个好环境——物质环境、情感环境、精神环境。家长们参加了家长学校培训后，都备感振奋，深受鼓舞。

2017 年 3 月 30 日，我校五、六年级家长学校第二次培训如期举行，本次培训着重告诉家长怎样引导五、六年级孩子顺利度过叛逆期和青春期初期，怎样引导孩子提前进行人生规划。学校特别邀请长沙高新区家庭教育讲师谭艳老师主讲，家长们听得十分认真，认真记笔记，认真反思自己孩子的表现及自己的应对方法是否科学，取得了非常好的效果。2017 年 12 月 6 日，我校以“怎样促进孩子全面发展”为课题，借用外单位的会场，组织全体家长进行专题培训，同样取得了很好的效果。

近年来，我校举行多次家长主题集中培训，家长对学校工作的支持度、满意度大大提升，满意率达 100%，这是前所未有的。因为家长学校课程的及时实施，现在家长越来越配合学校，孩子越来越有礼貌，孩子与家长的亲子关系越来越融洽，学校的办学水平也明显提升。2016 年、2017 年，真人桥小学连续两年夺得全区绩效一等奖中的第一名。可以说，我校家长学校课程的有效实施促进了学校的良性发展。

两年来，真人桥小学的老师们主动走进学生家庭，倾听家长心声，为家长排忧解难，与家长一起为孩子制订个性化指导方案，取得了很好的效果，家校关系十分融洽。我们感觉，逐一家访尽管辛苦，但十分有意义，这是我校家长学校课程实施最好的方式。作为校长，我也一样进行家访，全校 141 位学生中，我家访的已超过 70%。

笔者研究发现，深入推进农村小学家长学校课程实施刻不容缓，这既是国家基本政策的落实，也是学校优质发展的需要。农村小学家长学校办学水平的好坏取决于课程实施的好坏。目前，真人桥小学已经构建了“集中面授、网络补充、个体辅导”三位一体的家长学校课程体系，取得了较好的效果，得到了社会各界的广泛赞誉，被中央电视台、湖南日报、湖南教育电台等众多媒体接连报道，学校逐渐成为一所小而优、小而美的乡村小学。但理想的教育永远在路上，家长学校课程建设没有最好，只有更好，我们仍需不断努力。

（本文为湖南省教育学会重点课题：“区域内家庭教育工作格局构建的研究”成果，有改动）

4 中小学校长要有课程领导意识

课程分为狭义的课程和广义的课程。狭义的课程是指某一门学科；广义的课程是指学校为实现培养目标而选择的教育内容及进程的总和，它包括学校老师所教授的各门学科和有目的、有计划的教育活动。本文所研究的课程指广义的课程。作为校长，应该领导学校所有课程的实施，不仅包含学生所学的课程，也包含促进学校教师发展的各类培训课程。

校长对课程要有清醒而深刻的认识

开好课程是落实党和国家教育方针的关键。党的十九大提出，要优先发展教育，加快教育现代化，办好人民满意的教育；要落实立德树人根本任务，发展素质教育，推进教育公平，培养德智体美全面发展的社会主义建设者和接班人；要推动城乡义务教育一体化发展，高度重视农村义务教育，办好学前教育、特殊教育和网络教育，普及高中阶段教育，努力让每个孩子都能享有公平而有质量的教育。笔者认为，各中小学只有高质量开好了各类课程，才能将党和国家的好政策落到实处。

特色课程彰显学校特色。深入研究身边的特色学校，我们不难发现，特色学校其实"特"在课程。例如，湖南省长沙高新区雷锋小学是雷锋的母校，地处雷锋纪念馆和雷锋故居的旁边，该校一直坚持让学生续写雷锋日记，每月分层次开设一次学雷锋主题教育活动课程，还开设了"学雷锋剪纸"校本课程，雷锋纪念馆和学校联通融为一体，纪念馆资源也成为课程资源……形成了鲜明的"以雷锋精神兴校育人"的特色，成为长沙市首批区域特色学校。长沙市芙蓉区大同小学是全国文明校园，该校多年来坚持开发并实践"生涯规划课程"，让学生在小学阶段就有明确的职业奋斗目标，深入社会中去亲身体验自己喜欢的职业，得到中央电视台《焦点访谈》栏目专题报道，也成为生涯教育的标杆。长沙市开福区北辰小学依托湖南省体育局和社会各方力量，在校园内建起了击剑馆，开设击剑课程，成了"湖南省青少年击剑训练基地"，形成了该校独特的击剑文化特色。

课程是学校的核心竞争力。随着国家促进教育公平，优质教育、均衡教育等方针的实施，目前，各中小学之间的差距正在缩小。当然，不可避免的是，中小学还存在城乡差别、地域差别等。纵观身边，还是存在一些名校、优质学校。试问名校为什么出名？一般认为该校有优秀的师资、优质的条件、培养出了更多的优秀学生。笔者认为，归根结底，名校最成功之处在于有优质的课程。

例如，北京市十一学校全校课程因学生而开发，不同学科分层级编写必修课，更多的是根据学生兴趣爱好设立的选修课。全校 4000 余人，通过不同的排列组合，形成了 317 个课程，1335 个教学班。① 清华大学附属小学从 2010 年开始，构建了"1+X 课程"，"1"是优化整合后的国家基础性课程，

① 张丽丽，王军. 浅议北京十一学校的教育改革[J]. 新西部(理论版)，2016(8)：60.

"X"是发展个性的特色校本化课程。① 这些课程设置的做法，都成为全国学习的样板之一。笔者也曾走进了一些名校，领略到这些名校的独特课程魅力。如北京市东城区史家小学，经过多年的教育实践，形成了以"人与社会、人与人、人与知识、人与自身、人与自然"的和谐为基本框架的"和谐育人"课程体系②，尤其是校本课程设置做得尤为出色，现已辐射全区，实现了资源共享。上海外国语大学尚阳外国语学校依托上海外国语大学的资源优势，开设了特色外语课程，培养国际化学生。从上面几所名校的实践可以看出，课程是学校的核心竞争力。中小学校长要立足学校实际，科学设置课程，以彰显学校的核心竞争力。

课程建设既要宏观把握又要重在落实

课程建设要宏观把握。课程建设时校长要宏观把握什么？笔者认为关键要把握课程目标。2001 年，我国全面启动第八次新课程改革，当时提出本轮课程改革的目标是：一切为了学生的发展。笔者认为，校长的使命是一切为了每一位师生的卓越发展。2016 年 9 月，《中国学生发展核心素养》在北京师范大学发布，该框架以科学性、时代性和民族性为基本原则，以培养"全面发展的人"为核心，分为文化基础、自主发展、社会参与三个方面。综合表现为人文底蕴、科学精神、学会学习、健康生活、责任担当、实践创新六大素养，具体细化为十八个基本要点。可以说，新时期的课程目标就是落实学生核心素养，培养全面发展的人。课程建设时，校长自身首先必须明确为什么要开某项课程，以及怎样达到课程目标。

课程建设要重在落实。治大国如烹小鲜，做大事必落于细。每所学校都有自己的历史沿革、发展基础、地域特点、资源环境等客观条件，校长只有立足实际、因地制宜去开设课程，才能有效地落实课程目标。例如，长沙高新区真人桥小学是一所农村小学，该校根据学校地域特点和现有设施，近年

① 林长山，汤卫红. 清华附小学生核心素养课程深度整合[J]. 课程·教材·教法，2016，36(11)：57.

② 王欢，陈凤伟，范汝梅. "校本"资源走向"学区"共享的路径探析：以北京市东城区史家小学为例[J]. 中国教育学刊，2016(1)：69.

来开发了科普教育、篮球、乒乓球、电子琴、古筝等课程，成为一所小而优、小而美的乡村小学。

课程要有一套达到目标的有效路径

加强课程管理，促进课程实施。“课程实施”是由英文“curriculum implementation”翻译而来。Implementation 的意思是贯彻、完成、履行等。课程实施的对象显然是一项新的课程革新措施、课程方案等。因此，在国外，对课程实施的定义一般是将课程实施看作将革新思想转变为实践的过程。例如，加拿大教育改革专家迈克尔·富兰(Michael Fullan)认为：“课程实施是把某项改革付诸实践的过程。”课程实施在本质上是一个行动的过程，通过这一过程将观念形态的课程转化为学生所接受的课程从而实现课程内在的教育意义。① 中小学校长要结合学校实际情况，因地制宜，加强课程管理，保障国家课程、地方课程、校本课程实施到位。

加强课程评价，检验课程效果。课程实施过程离不开课程评价。目前，中小学课程评价主要有以下情况：课程实施之前进行需求评价，课程实施中进行过程监控，对课程实施的事前评价与事后修订评价。教师是课程实施的主体，由于教师之间存在差异，教师所扮演的角色也不同，有的是按学校要求实施，有的是在实践中自我调适实施，有的则是创造性的实施。为了检验教师的课程实施程度以及学生的课程学习效果，显而易见，校长要加强课程评价，只有这样才能实现促进学生全面发展的目标。在课程评价中，中小学校长应关注以下核心问题：国家课程的实施是否达到了课程标准要求，地方课程和校本课程是否彰显了学校特色，课程是否最大限度促进了师生良好发展。在日常工作中，校长首先要领会好国家教育方针政策，对照国家课程标准，审视学校课表，检查学校是否保障了国家课程、地方课程、校本课程等开课到位；更重要的是，在日常管理中，要加强督查，不能让某些课程停留在课表上成为摆设，不能让某些课程浪费了学生的宝贵时间；还要在课程评价中不断审视课程、开发课程、修订课程。

当然，课程理论研究范围广，研究者也众多，笔者仅仅在中小学课程专

① 杨明全. 课程实施的学理分析：内涵、本质及取向[J]. 全球教育展望，2004(1)：35.

业认知方面谈了一些个人看法，但愿抛砖引玉，启发中小学校长更深的思考。

（本文编入《中小学校长课程领导力提升实践研究》一书，有改动）

5 长沙高新区：校联体实现“四统筹”

湖南省长沙市高新区是在广袤乡村土地上逐步建起的国家级高新技术产业开发区，教育底子薄。2012 年 9 月，建成区相对优质的小学只有 4 所，待建区薄弱的乡村小规模学校有 8 所。为了促进教育均衡发展，高新区决定让 1 所城区优质学校帮扶 2 所乡村小规模学校，构成一个发展片区，实行“捆绑发展”“抱团取暖”。

在具体工作推进中，城区优质牵头学校校长兼任 2 所小规模学校的发展顾问，城区牵头学校每学年必须派出 1 名骨干教师到小规模学校支教，并与小规模学校教师“结对”，实现硬件建设统筹推进、教师研训城乡一体、学校治理整体联动，但乡村小规模学校的人事、财务、教学、教研等事务仍然是独立的。

经过 7 年实践，“捆绑”帮扶在一定程度上促进了乡村小规模学校的发展，但困扰乡村小规模学校的一些核心问题依然没有解决，如教师年龄结构老化、无音体美学科专任教师、年轻教师缺乏锻炼平台等。这些问题让城区优质牵头学校“心有余而力不足”，帮扶效果达不到理想状态。

截至 2019 年 9 月，随着城区面积的扩大，高新区城区优质小学增至 11 所，乡村小规模学校还剩 6 所。高新区教育局看到城乡捆绑发展上存在的问题后，在原有基础上提质加码，让一所城区优质小学直接与一所乡村小规模学校结成校联体，小规模学校变成城区优质学校的一个校区。校联体让乡村小规模学校发展迎来了新机遇。

随着 6 所乡村小规模学校法定代表人全部变更为城区优质学校的校长后，城区优质学校的校长有了新责任，主动把城区学校的工作与小规模学校的各项工作统筹起来，城乡两个校区实现了人、财、物、事的“四统筹”。

在人事统筹上，校长有权统一调配城乡两个校区的师资，乡村小规模学校缺什么教师，城区校区就有权、有义务进行补充。区教育局明确了校联体校长同时担任一所城区学校校长和一所乡村小规模学校校长，城区优质学校派一名副校长到乡村小规模学校任执行校长，这从根本上理顺了管理机制。而且，城区优质学校在学期初安排人事时，要确保乡村小规模学校的教师配备，保障乡村小规模学校能落实好国家课程，并将乡村小规模学校的教师纳入城区学校相应学科的教研组。人事统筹是“四统筹”的前提和基础。

在财务统筹上，实行城乡两个校区一支笔签字。目前，区政府保障了6所乡村小规模学校办学经费充足、账户独立、财务管理统一。例如，真人桥小学没有单独设立总务主任，学校的财务工作由校联体雷锋第二小学承担，工资发放、物品采购、资产管理等两个校区统筹在一起进行。在物品统筹上，城乡两个校区真正实现了资源共享、互通有无。

在日常事务统筹上，城乡两个校区的党务、校务、德育、教学、教研、工会等活动均统一组织，同频共振。与此同时，城乡校联体两个校区课表一起制定、党群与教研活动一起开展、教师研训一起进行、期末考试一起组织、教师评价一起进行，实现了校联体的共享共建。事务统筹是“四统筹”的核心和关键。

“四统筹”的实现，让制约乡村小规模学校发展的教师配备不合理、教育观念落后、教师老龄化现象严重等问题迎刃而解。最明显的变化是城乡两校深度融合了、联系紧密了、师生交流频繁了。6所乡村小规模学校由“小而弱”逐渐变成“小而优”“小而美”“小而特”的特色学校。

当前，乡村小规模学校发展依然是基础教育中的难点和堵点，也是教育扶贫的重点。从长沙高新区的经验可以看出，激活管理机制是教育行政部门化解乡村小规模学校发展难题的关键，校联体是化解乡村小规模学校发展难题的有效途径之一。

（本文刊于《中国教师报》2020年5月20日第14版，有改动）

6 智能时代的乡村小规模学校发展突围

乡村小规模学校建设是我国基础教育的重点和难点，如果能将人工智能技术运用到乡村小规模学校，无疑是福音。在智能时代，乡村小规模学校怎样搭乘技术的快车道，适应新时代变革，实现“小而优”的发展？

变革教学方式

乡村小规模学校普遍存在师资力量弱、教师缺乏、教师教学任务重、教师平均年龄偏大、临聘教师多等问题，特别缺乏音乐、体育、美术、科学、信息技术等学科的教师。在乡村教学点，以上问题尤为突出。一位教师往往要任教多门课程，工作量大；教师课堂教学模式单一，普遍是教师教、学生听；音乐、体育、美术等学科因无专业教师，经常出现被改成语文、数学课的情况。

目前，湖南省长沙市乡村小规模学校通过“互联网+智能技术”的应用，改变了教师教学方式，逐步改善了当前乡村小规模学校的师资状况。例如，依托国家教育资源公共服务平台，让学生观看全国名师和骨干教师的优课，学校的教师当助教，让乡村学生也能享受到优质的网络课堂教学；或者与当地城区优质小学结成一对一的关系，城乡孩子通过直播课堂同上一堂课，学校教师由授课者变成了课堂管理者。

突发公共卫生事件期间，作为乡村小规模学校的湖南省长沙市高新区真人桥小学，除了组织学生收看直播课堂，还动员教师在网上评阅学生作业、回答学生问题。教师还让学生利用英语学习 APP 等智能学习软件在手机上学英语，让乡村孩子也有发音纯正的英语带读，实现了英语翻转课堂；利用班级小管家等小程序，实现在线批改学生作业，没有让学生因停课而荒废学业，全班学生的作业提交情况、作业完成质量等都可以自动统计，大大减轻了教师的教学负担。

变革学习方式

乡村小规模学校的学生一般依赖教师讲授，自己被动学习。智能时代，乡村小规模学校可依托智能技术，运用移动学习工具，即时分析学生的学习效果，让学生实现个性化学习、自主学习、随时随地学习。

在这段“停课不停学”的日子里，家庭变成了暂时的学校，有的学生使用手机端、有的使用电视端看教学直播，上午直播时如果有事没来得及看，可以在下午和晚上回看、反复看，学生变固定时间学为随时可学。平常在学校时，学生每门课程一般接受的是固定教师的教育；在线学习时，学生既能得到来自学校固定教师的学习指导、作业批阅，也可观看来自长沙市不同学校教师上的直播课，学生由向一位教师学变成了向多位教师学，多了一分新鲜感。可以看出，只要组织得当，城乡学习质量是没什么差别的。

变革家校沟通方式

乡村小规模学校的家长一般整体文化水平不高，加上部分家长常年外出打工，孩子由爷爷奶奶照看，成为留守儿童，家校沟通存在一些障碍。

智能时代，学校可依托“互联网+智能技术”，给家长提供个性化的家庭教育指导，及时反馈孩子个性化的学习情况，弥补因家长缺位给孩子带来的不利影响。譬如，我校成立了网上家长学校，依托班级微信群，定期对家长进行培训。经过 3 年多的实践，大大提高了家长家庭教育的能力，让家庭和学校形成了强大的教育合力。学校还依托长沙高新区教育云平台，引导学生养成每天坚持阅读、坚持体育锻炼、坚持做家务的好习惯，家长每天把孩子的阅读、运动、实践活动情况上传至班级圈，教师每天在后台查看，孩子的情况一目了然；家长不管人在哪里，在手机上都可以随时查看孩子的情况，有问题随时可以给教师留言。这样，把平常固定时间的家庭沟通方式变成了 24 小时的家校联络平台，把面对面单一的家校交流方式拓展为综合的家校共育模式。

当然，除了依托网络沟通外，我校并没有抛弃传统的家校沟通方式，学校教师对学生的家访率在 80% 以上。可以说，互联网智能技术的应用为乡村小规模学校的家校沟通锦上添花。

智能时代，“互联网+智能技术”助力乡村小规模学校优质发展。以我校为例，2016 年以前是全区最薄弱的学校，经过 3 年多的教育实践，不论是教学质量还是学生特长发展、校园管理水平等，均超过了许多城区优质学校。尽管学生人数少，但校园却变得幸福、美丽、优质：学校连续4年获长沙高新区绩效考核优秀奖，成为长沙高新区首批科技教育特色学校。

在智能时代，乡村小规模学校完全可以与城区学校站在同一起跑线上。乡村小规模学校可以通过变革教师教学方式、学生学习方式、家校沟通方式等，全面提升办学水平，缩小与集镇、城区学校之间的差异，让乡村小规模学校的学生留得住、教得好、学得优。

（本文刊于《中国教师报》2020年6月3日第13版，有改动）

7 落实“双减” 实现“双升”

——乡村小规模学校“双减”背景下的课程建设行与思

“双减”政策实施一段时间了，乡村小规模学校怎样在落实“双减”政策的背景下进一步提升教育教学质量？长沙高新区真人桥小学进行了一些有效的实践与探索。

真人桥小学地处乡村，学校办学条件一般，2022年，有学生128人，教师14人。毋庸置疑，乡村学校的家长对教育的支持力度相比城区学校要小得多，在“双减”背景下，这意味着孩子的全面发展主要依靠学校，意味着对乡村教师提出了更高的要求。真人桥小学14位教师抓住课程建设这个“牛鼻子”，利用“互联网+智能技术”，较好地促进了学生全面发展。

一、落实安全课程，确保学生平安

平安是教育第一要素，为了确保学生平安，我校每周五的第六节课为全校学生固定的安全教育课，主题已经提前计划好，按照时令特点，分别对学生进行防烟花爆竹伤害、防火、防地震、防交通意外、防溺水、防性侵、防校园欺凌、禁毒等专题教育。另外，每周一的升旗仪式必须有值日教师总结上周安全工作与本周安全提醒的环节，大课间结束后有1分钟的安全教育环节，每天放学前至少有1分钟的安全教育，每周五放学前至少有5分钟的安全教育，寒暑假和重大节假日前至少有 30 分钟的安全教育。

为了让每位教职工都牢记“一岗双责”，即在履行教育教学责任外，还要切实履行自己的安全责任，学校规定：每一位任课教师必须做到“我的课堂我负责”，上课时首先要管好安全，做好安全教育；保安在课间时必须进行安全巡查；每天早晚，有警察、保安、校长、教师和家长志愿者一起护学，保障学生安全；校长每天放学后坚守到最后一位学生离开校园，自己才离开。

另外，学校还依托微信群、互联网直播平台等智能技术，每周对家长和学生进行安全教育，引入了智能门禁系统、监控系统，构建了综合安全教育网络。这样的立体安全教育课程，全力保障了学生平安。

二、落实国家课程，夯实文化基础

课堂教学是培养学生核心素养的主阵地。在乡村小规模学校，家长要么无暇管理孩子的学习，要么没有能力辅导孩子，学生学习成绩的提升主要依赖乡村教师。为了保障教育教学质量，真人桥小学要求每一位教师做到面向个体、因材施教。遇到接受能力弱一点的学生，教师利用课间时间进行辅导，努力不让学生掉队。课堂上，教师利用智能技术，依托智慧教育平台等，实现了智能备课、智能上课、智能评价。

为了减轻学生作业负担，学生的作业基本上都能在学校完成。每周三还有一个无作业日，因此，学生每天的书包很轻，只要背少量要复习、预习的书回家。

三、落实艺体课程，提升艺体素养

在乡村小规模学校，普遍的困难是缺乏艺体教师，学生的艺体素质发展受限，这一点真人桥小学也不例外。

幸运的是，真人桥小学与区内优质城区学校——雷锋新城实验小学，结成了校联体，雷锋新城实验小学派出音乐专职教师刘梦玲到真人桥小学全职支教，这样，真人桥小学的音乐课实现了专职化教学。为了全面提高学生的音乐素养，学校还为每位学生采购了一支竖笛，音乐教师在每周两节音乐课中，抽出一点时间教学生吹竖笛，让每一位学生在小学都能学会一门乐器。如今，在真人桥小学，课间经常能听到悠扬的竖笛声。之所以选择让学生学习竖笛这种乐器，一是因为乐器有利于提高学生的艺术素养；二是因为竖笛相对其他乐器而言，更容易上手，便于携带；三是学习竖笛需要手、脑、眼并用，有利于开发学生的智力，可谓一举多得。

在美术教学方面，雷锋新城实验小学派出万芳、彭甜甜两位美术教师每周三到真人桥小学走课支教，让四、五年级学生有了专业教师教的美术课。为了让有美术兴趣爱好的同学能得到提高培训，学校还引进了校外艺术培训学校的教师，成立了儿童创意绘画社团、动漫绘画社团，每周五课后服务时间上社团课，如今，学校里已经涌现出不少“小画家”。

体育教学方面，学校校园面积虽小，但体育器材充足。为了方便学生课间进行体育锻炼，学校在全区率先引入了体育器材智慧共享小屋，体育器材学生随手可拿，实现了智能化借还。因为没有专业的体育教师，学校从校外引进了一位羽毛球教练，从 2021 年 9 月开始，教练给同学们上羽毛球课，每个班每周各有一节由专业教师教的羽毛球课。同时，学校还成立了两个篮球社团，从校外引进了两位篮球教练，让对篮球感兴趣的学生在学校就可以发展篮球特长。为了鼓励学生在家坚持体育锻炼，学校为每位学生发了一条能自动计数又能远程监控的智能跳绳，依托长沙市人人通平台，真人桥小学学生参加的长沙市 2021 中小学生“重走长征路”快乐暑假跳绳竞赛、长沙市 2022 年中小学生“携手迎冬奥，一起向未来”快乐寒假跳绳竞赛分别获得全市第四名、长沙高新区第一名的好成绩。目前，全校学生的 1 分钟跳绳优秀率、学生体质健康综合优秀率均居全区前列。

另外，“双减”政策实施后，学校进一步重视校内体育比赛，一年来，按计划举行了跳绳比赛、篮球比赛、足球比赛、乒乓球比赛、羽毛球比赛、全员运动会等，这些活动课程给学生提供了展示的舞台，让学生的运动常态化，也让学生在比赛中提高了运动技能水平。

这些举措，让学生都可以在校内享受到高质量的艺体特长教育，丰富了学生校园生活，也减轻了家长的校外培训经济负担。

四、落实科普课程，促进特色发展

真人桥小学是长沙高新区首批科技教育特色学校。在“双减”背景下，学校怎样开发科技教育特色课程，强化科技教育特色？我们的做法是，首先上好科学课，然后，因地制宜、面向全体开发实施一系列科普教育课程。

以2022年上学期为例，我们有计划地开展了下列科普教育活动：2月14日，新学期开学第一天，学校组织了“学好高科技，一起向未来”开学第一课，学校邀请长沙高新区内高科技企业——长沙天仪空间科技研究院的青少年航天知识科普学院的颜翔院长为学生主讲卫星知识及奥运会上的高科技；3月，举行了第六届创客节之科幻画、科技小论文、科技实践活动竞赛；4月16日，组织全校师生在家收看了神舟十三号飞船返回地球的现场直播；4月19日，举行了第六届创客节之“动力轮船制作”比赛，全校学生对轮船的原理、动力供给、转向等有了更深的认识；4月24日，学校和天仪研究院联合举行了第7个航天日主题活动，6位学生代表与卫星科学家面对面交流，探索卫星的奥秘，依托央视网向全球直播……学校还为对科学探索欲望强烈的学生开设了人工智能社团，外请专业老师在每周二课后服务时间，为学生主讲3D打印、机器人等课程。按照学校工作计划，每年9月，学校还会举行一年一度的校园科技节。

以上一系列科技教育课程，有效培养了学生的科学素养，如今，学生对科学探索的热情高涨，课间，经常有学生围着科学老师问这问那。

学生的负担轻了，在家的空闲时间多了，怎样让学生在家不至于枯燥？怎样让家长更好地配合学校，巩固“双减”成果，发展孩子综合素质？真人桥小学在学期开始前就与家长达成了以下共识：

①让孩子每天在家坚持阅读20分钟；②每天坚持跳绳3分钟；③每天坚持做自己喜欢的体育锻炼；④每天坚持练练字；⑤每天坚持做点力所能及的家务；⑥每天晚上9点前让孩子睡觉；⑦非紧急情况每天晚上9点后禁止老师和家长在班级微信群发任何消息，避免打扰孩子休息；⑧学生禁止参加无证培训机构的培训。

学期结束时，学校采用多把尺子评价学生，评出五好学生、优秀少先队员、优秀学生干部、美德之星、学习之星、体育之星、艺术之星、劳动之星、科学之星、学雷锋之星、进步之星等，一般人人有奖，人人都能找到自己的闪光点。但是，如果学生有打架或欺凌行为的、有进非法培训机构培训的、有顶撞家长的，则取消评奖资格，引导学生注意约束自己的不良行为。

"双减"政策实施快一年了，该政策实施后，乡村学校的责任更大了，乡村教师肩上的担子更重了。据统计，2022 年上学期，全校 127 名学生中，参加课后服务的有 125 人，参加课后服务学生的人数占全校学生总人数的 98.43%左右；全校 127 位学生中，到校外培训机构参加非学科培训只有 23 人，大大少于以前。这些数据从侧面反映家长对学校整体工作、课后服务工作、"双减"政策实施工作等，投下了满意票。2021 年 11 月的《人民教育》第 21 期也专题推介了真人桥小学在"双减"背景下的办学成果。

现在，学校基本上每周都有一次学生喜欢的主题活动或竞赛活动，校园生活更加丰富多彩。由此可见，"双减"政策实施后，只要乡村学校和教师主动担当，乡村学校的教育教学质量、学生的综合素养一定会同步提升，乡村小规模学校的教育教学质量并不会比城区学校弱。也只有这样，乡村小规模学校的学生人数才不会流失，教育才会真正走向"公平而有质量"，从而实现乡村振兴。

（本文系湖南省教育科学规划课题"面向智能时代的乡村小规模学校教学方式变革研究"的阶段性成果，本文撰写于 2022 年 6 月，有改动）

8　把每一位学生的发展放在心上

——基础教育常规管理工作行与思

引　语：2024 年 5 月，教育部办公厅印发《关于开展基础教育"规范管理年"行动的通知》，目的是进一步清理整治基础教育领域存在的违法违规、违背教育规律和教育功利化短视化行为，进一步建立健全依法管理、从严管理、规范管理的长效机制，进一步提升人民群众对基础教育的满意度、获得感。

中小学校长是学校常规管理的第一责任人，怎样做到依法管理、从严管理、规范管理？笔者连续8年多担任小学校长或执行校长，8年多来，办学条件变了，但是，我和学校每一位老师始终坚守：把每一位学生的发展放在心上，努力做到面向个体、因材施教、平安第一、德育为先、育人为本，让学校实现了高质量发展。

我所在的学校——长沙高新区真人桥小学地处雷锋家乡，主要方便周边三个小区居民的子女及辖区内外来务工人员的子女就学。学校成立于1970年，办学历史悠久、底蕴深厚、质量优秀，是一所学生喜欢、家长满意、社会认可的家门口好学校。学校与雷锋新城实验小学建立了"1+1"发展共同体。2023年9月，学校搬迁至投资3.5亿元建设的新校区，开启了优质教育新征程。

学校已经连续八年获全区绩效考核一等奖，连续四年获全区中小学教学班演唱演奏比赛一等奖；学校也是全区教育教学质量先进单位、全区科技教育特色学校、长沙市智慧体育优秀学校，办学成果曾获评教育部优秀智慧教育案例奖，办学故事得到中央电视台、中国教育电视台以及《人民教育》《中国教育报》《中国教师报》等媒体推介，办学成果辐射广东、重庆、安徽、山西、宁夏、四川、甘肃等地。

学校是怎么抓常规管理，让学校实现高质量发展的？

一、坚持因材施教，坚守平安第一

作为校长，我和我们的老师一直坚守一个办学理念：面向个体、因材施教，这是2000多年前孔子倡导的教育理念，我觉得到现在还没过时。我们所面对的学生来自不同的家庭，成长环境、支持条件都不一样，个性自然千差万别。面对独具个性的学生，我觉得要尽力做到因材施教，扬长避短。既要努力促进学生全面发展，又要努力帮助学生实现个性化发展，这是我校多年来高质量发展的一个法宝。

进入校园，师生能看到一张大大的笑脸墙和理想墙。学校把每一位学生的笑脸和理想装饰在墙上，目的是引导每一位学生微笑面对每一天，从小牢记自己的奋斗目标，也方便老师有针对性对学生进行指导；学生每天看到自己的笑脸和理想，也有利于强化自己的理想信念。

作为校长，我能随口叫出全校每一位学生的姓名，了解每一位学生的基本情况；我经常走进学生的家庭进行家访，倾听家长的心声与需求；我经常与学生一起游戏、一起谈心，走进学生的心灵，及时呼应学生的合理需求；我经常在学生上学、放学时站在校门口微笑迎送学生，把教育阳光服务做到位；我向每位家长公布了我的电话和微信，加入了每个班级的微信群，家长的想法和需求可以第一时间得到校长的回应。

我自己以身作则，践行“面向个体、因材施教”的教育理念，逐渐得到了全校教师的认同与跟进。课间，任课老师把一位或两三位学生叫到办公室单独辅导；早自习、课后服务时，任课老师逐一面批学生的作业……这样的情况，在真人桥小学是很常见的。

“昨天到学校提交一年级新生报名资料时，见到了张校长。据亲戚介绍，每位学生家长的名字张校长都能叫得出来，孩子的爸爸妈妈、爷爷奶奶、大舅小舅他都认得，可以看出，这是发自内心地关爱、喜欢每一位学生。有这样的校长、教师团队，我们也是放心的。”这是来自新生家长戴女士的心声，从侧面体现了我校教师都在落实“面向个体、因材施教”的教育理念。学校教师只有清楚了解每一位孩子的个性特点，努力做到因材施教，把学生的安全放在第一位，才能尽可能避免简单粗暴的教育方式，让教育更有温情、更有温度、更加温暖，这是中小学校抓好常规管理、实现高质量发展应该遵循的第一原则。

二、传承雷锋精神，坚守德育为先

习近平总书记对深入开展学雷锋活动做出重要指示强调：“让学雷锋活动融入日常、化作经常，让雷锋精神在新时代绽放更加璀璨的光芒……”为了强化学生的家国情怀教育，我们学校第一块宣传栏的主题就是：知我湘江新区，爱我雷锋家乡。我们坚持以雷锋精神立德树人，校园里面人人会唱雷锋歌曲，几乎人人参观过雷锋纪念馆，人人知道雷锋的故事，人人都希望成为阳光向上、全面发展的小小雷锋。

从我校教师的工作状态看，每一位教师都是新时代的雷锋，都在自己的岗位上践行着雷锋精神。目前，学校设有“雷小锋失物招领处”，在校园内丢失的东西一般在这里都能找到；学校楼梯间和教室里都设有“雷小锋书吧”，课间时，学生可以自由阅读，自主管理；学校还承担着共青团湖南省委员会、湖南省教育厅、少先队湖南省工作委员会联合立项的少先队课题“‘红领巾奖章’与‘五好雷小锋’评价体系融合构建研究”的研究工作，是全区探索雷小锋评价制度改革的领头学校。我校学生思想品德评价达不到优秀的，成绩无论多好，期末时都评不上校级最高奖励“五好雷小锋”和校级最高荣誉“红领巾奖章”一星章。

“生活上发扬雷锋勤俭节约、助人为乐的奉献精神；学习上发扬雷锋勤于钻研、勤奋好学的钉子精神；工作上发扬雷锋艰苦奋斗、爱岗敬业的螺丝钉精神。”正是在雷锋精神的感召下，真人桥小学的师生有一种独特的精气神，这种精气神引导着全体师生从平凡走向优秀，从优秀走向卓越。2016 年 9 月—2023 年 6 月，笔者立足学校现实，开展教育科研，完成了硕士、博士学业，同时带领学校走向了高质量发展之路。2023 年，学校被评为长沙市优秀少先队集体、湘江新区红领巾奖章二星章集体、湘江新区首批示范家长学校……这些都是上级教育主管部门对学校德育工作的高度肯定。

俗话说：“有德有才是正品，有德无才是次品，无才无德是废品，有才无德是危险品。”这启示我们中小学校必须坚持德育为先，努力让师生做到德才兼备。在学校常规管理中，中小学校长不能重智育轻德育，而要坚持品德为先，这是中小学抓好常规管理、实现高质量发展的第二条原则。

三、构建多彩课程，坚持育人为本

课程是学校的核心竞争力之一，学生的全面发展靠多样、适合的课程滋养。上好国家课程是每一所学校的应尽之责，除此之外，我校形成了国家课程、多彩社团课程、校园活动课程和职业体验课程等协同发力的课程体系。

多彩社团课程促进学生全面发展。真人桥小学每周周三、五课后服务时间为全校社团课程时间，目前开设有篮球、足球、羽毛球、蹦床、啦啦操、轮滑等体育类社团，有创意绘画、动漫绘画、素描、毛笔书法、硬笔书法、舞蹈、声乐、竖笛演奏等艺术类社团，有程序设计、科学实验、好玩数学、“棋”乐无穷等思维开发类社团。每位学生可以选择两门社团课程，去发展自己的兴趣爱好。

每周一次竞赛活动，给学生提供展示舞台。我校多年来坚持活动育人，除了每年常态举行学雷锋感恩节、创客节、读书节、艺术节、心理节、科技节、体育节、社团节等校园八大节外，每周还有一个小竞赛活动，如跳绳比赛、象棋比赛、五子棋比赛、乒乓球赛、羽毛球赛、书法比赛、征文比赛等，不仅给学生提供了锻炼能力、展示风采的舞台，也让学生对校园生活充满期待。

各种行业精英进校园授课，为学生进行职业生涯启蒙教育。为了让学生缩小理想与现实之间的距离，我校定期邀请不同行业的精英来校为同学们授课，现场回答学生对相关职业提出的问题。到目前为止，已经有法官、律师、医生、警察、退伍军人、科学家、企业家、发明家等精英，走进我校为同学们授课，给学生带来了不一样的知识，让学生提前了解了相关职业的特点与要求。每学期的研学旅行，学校有针对性地带学生走进各种研学基地，进行相关职业体验。

从近几年区教育局反馈的数据看，我校学生学习负担轻、近视率低，国家的“双减”政策落实较好，是全区教育教学质量优秀单位，这得益于我校一直以来努力创造条件、构建多彩课程、坚守育人为先的理念。我认为，这是中小学抓实常规管理、促进学校高质量发展的第三条原则。

“我们学校的作业量少，书包很轻，每周三是全校无作业日。除周五外，基本上每位学生每天在学校就能完成当天作业，在家只要复习、预习、阅读、体育锻炼、做家务劳动。”“我校老师经常提醒学生注意保护视力，要求学生每天晚上九点前睡觉。为了让学生安心休息，每天晚上九点后，我校老师和家长都不准在班级群发消息了。”“为了保护我们的安全，课间时都有老师陪伴我们一起玩耍、游戏。”这是我校学生向他人介绍学校时常说的话。

教育无小事，处处关育人。教育基本上都是平凡小事，但做好了平凡小事必然创造奇迹。我校教师正是注重落实一些看起来很平常的小事，把每一位学生的发展放在心上，让教育回归本质，把常规管理落实在这些教育小事中，坚持安全第一、德育为先、育人为本三个原则，这也许就是我校抓实常规管理、实现高质量发展的法宝。

（本文系湖南省2023年度立项少先队课题“‘红领巾奖章’与‘五好雷小锋’评价标准融合构建研究”阶段性成果，课题编号：HNSGW2023C04，有改动）

9 真人桥小学：多措并举破解乡村小规模学校发展瓶颈

笔者所在的真人桥小学地处湖南湘江新区，是一所乡村小规模学校，坐落在征地拆迁区，硬件设施和办学条件是全区最薄弱的，从2016年7月开始，变化却悄悄发生，学校教育质量逐渐可以媲美城区学校，甚至很多方面超越了城区优质学校。以2022年为例，6月，六年级教学质量监测显示，学校数学成绩居全区第二、语文成绩居全区第三；8月，学生参加长沙市中小学生暑假体能云赛获全区第一名、全市第三名；11月，国家小学生体质健康监测平台反馈，学校的优秀率达66.7%，为全区最高水平行列的学校之一……这一切是怎么做到的？作为校长，我认为有以下三点原因：

城乡校联体，化解乡村小规模学校缺教师的问题

乡村小规模学校普遍存在的问题是缺老师，特别缺音乐、体育、美术、科学、信息技术、综合实践等学科的老师，部分乡村小学还有教师老龄化现象比较严重的问题，这是制约乡村小规模学校发展的核心难题。

为了化解这一困境，从2019年9月开始，长沙高新区让一所城区优质学校与一所农村薄弱学校结成校联体，城乡两所学校的法人为同一人，城区优质学校的校长同时兼任校联体农村薄弱学校的校长，城区优质学校派一名副校长到农村薄弱学校任执行校长，农村薄弱学校成为城区优质学校的一个校区，两个校区的人事、财务、物品、事务全面统筹管理，从此“两校一体四统筹”的校联体模式建立起来了。

校联体两个校区实现了人事统筹管理。我所在的学校与雷锋新城实验小学结成了校联体，雷锋新城实验小学派出教师来真人桥校区全职支教，除语

文、数学，真人桥小学的音乐、美术、体育、科学、综合实践、劳动教育等学科也都实现了专职化，为提高教育质量奠定了坚实的基础。笔者同时是雷锋新城实验小学的副校长，经常参加雷锋新城实验小学的行政会和重大活动，这样的好处是能把城区学校的好做法及时移植、应用到乡村薄弱学校。有了师资力量的保障，尽管学校地处乡村，但真人桥小学核心参与的全国教育规划课题“综合养成教育——新时代全面育人新路径研究”获湖南省基础教育教学成果一等奖。

互联网+智能技术赋能，化解乡村小学缺资源问题

乡村小规模学校因教师和学生人数少，校园面积小，拥有的教育资源一般没有城区学校多，但是，如果保障乡村小规模学校有基本的硬件条件，如互联网、智能一体机等，那么在“互联网+智能技术”的支持下，城乡学校可以做到均衡发展。

依托大数据和AI技术，乡村学生可以在寒暑假坚持体育锻炼。学生的寒暑假是一个教育管理真空，学生很容易迷恋上手机。为了让学生寒暑假能坚持体育锻炼，从2021年寒假开始，学校每年寒暑假都会依托长沙市中小学生人人通平台，让学生每天坚持跳绳3个1分钟，或跳绳500次。因为有了大数据和AI技术的支持，学生在家做体能训练，AI技术能自动计数并将其上传至长沙市人人通平台，乡村学生的运动兴趣高涨，教师也能监管到位。

依托体育器材智慧共享小屋，让体育器材随手可拿。2020年以前，学校就把各种体育器材分类放在室外固定位置，学生可以自由领用，但问题随之而来，部分学生不能按时归还到指定位置，随意丢弃。为此，学校采购了一个体育器材智能共享小屋，该设备与长沙市人人通平台相联通，学生扫脸就可以自动借还体育器材，很好地解决了难题。

依托“互联网+智能技术”，实现了教学方式变革。乡村小规模学校普遍存在师资力量弱、教师平均年龄偏大、临聘教师多等问题，在乡村教学点，以上问题尤为突出。真人桥小学在雷锋新城实验小学的帮助下，2020年下学期就全员完成了教师信息技术应用能力提升工程2.0培训，大幅提升了教师

的信息素养，逐渐改变了教师的教学方式。

从小事做起，化解乡村小学资金短缺问题

乡村小规模学校由于学生人数少，不少学校办学经费紧张。但我发现，很多事情并不要投资，只要学校把促进学生发展作为学校一切工作的起点和落脚点，做好一些看似平凡的教育小事，带着情感与责任落实一些教育细节，就可以收获意想不到的效果。

比如，校长和教师每天早晚校门口护学，把教育服务做到最前面。一方面，“校长护学”可以增加安防力量；另一方面，如果家长对学校有什么意见或建议，可以第一时间与校长和教师交流，把问题和矛盾解决在校门口。学校每天还安排一位教师和两位家长轮流参与护学，这样就能更好地确保学生上下学平安。6 年来，学校和家庭形成了强有力的教育合力。

在乡村小规模学校，我建议不要单设校长室，如果要单设校长室，最好设在学生容易找到的地方。我的办公室在一楼，与教师的办公室在一起，在一间教室内，学生遇到没带水杯、手纸、文具书本等小事，都喜欢向我寻求帮助；遇到家里发生了什么事，喜欢向我诉说……在我们看来，这些都是小事，但对孩子而言，却是大事，孩子需要得到老师的关心和帮助。

乡村小规模学校的校长，不是一个官职，而是一份沉重的责任。如今，我和全体教师一道，把乡村小规模学校的发展难题当课题，我们成立了“全国乡村小规模学校优质发展联盟”“湘江新区乡村教育研究工作室”，全国 198 位乡村小规模学校校长依托网络，汇聚在一起，共享资源与智慧，目前已经初见成效，一批优质乡村小规模学校不断涌现，一批乡村好校长不断涌现。我坚信，在党和国家一系列乡村教育振兴措施的带动下，乡村教育的明天一定会更加美好。

（本文系湖南省资助规划课题“智能时代的乡村小规模学校教学方式变革研究”的成果，课题编号：XJK20BJC037，本文发表在《中国教育报》2023 年 03 月 15 日第 5 版，有改动）

10 乡村小规模学校督导策略

乡村小规模学校的发展关乎义务教育能否整体实现“公平而有质量”，是当前教育的痛点、堵点、重点、难点和关键点。充分发挥督导的力量，发展好乡村小规模学校是实现乡村振兴战略的重要途径之一。

乡村小规模学校重点要督什么？笔者建议重点把握以下三个方面：

1. 重点督当地政府的经费投入

俗话说，巧媳妇难为无米之炊。没有一定的经费支持乡村小规模学校发展，振兴乡村教育将是空中楼阁。在长沙高新区，每一所乡村小规模学校都是独立法人单位，是独立的财经核算单位，都直接接受教育局管理，公用经费相对充足。唯一的缺陷是学校无专业财务人员，总务主任工作量相当大。然而，在有些区县(市)，乡村小规模学校由当地初级中学统筹管理，乡村小学校无独立经费账户，所有资金全部由中学统管，这样可能难以保障乡村小规模学校有充足的办学经费。所以，在经费投入方面，教育督导部门需要重点督导。

2. 重点督教育局的师资配备

俗话说：教育大计，教师为本。制约乡村小规模学校发展的最大瓶颈是教师配备不合理，教师短缺严重、老龄化现象严重、结构性缺编严重、临聘教师居多等问题普遍存在。在乡村小规模学校，如果按 1∶19 的师生比配备教师是不行的。在长沙高新区，2018 年下学期至 2019 年上学期，每所 6 个班规模的乡村小规模学校配了 13 位老师，部分音体美课程实行城区学校到农村学校走课制度，缓解了乡村小学的一些现实困难。

笔者认为，要真正让乡村小规模学校实现优质发展，关键还是在配齐师资，要保障所有国家课程能让专业老师教。像仅有 6 个班的乡村小规模学校(每个年级一个班)，建议每所学校配 14 位老师，10 位保障语文(6 位)、数学(3 位)、英语(1 位)学科能专业化，另外，音乐、体育、美术和科学各需要配一位专业教师，信息技术教师可实行走教制度。如果不能配足专业学科教师，建议高校和学校自身加大全科教师培养力度。像这样，如果保障了国家课程的正常实施，加上有小班化的优势，乡村小规模学校的教育质量甚至可能超过城区小学。

3. 重点督学校的因地制宜治理

乡村小规模学校因学校发展历史、当地村委会(社区)的经济条件、当地老百姓支持力度等因素不同，每一所都是独特的，校园占地面积、校舍数量、设施设备等各不相同。笔者认为，教育督导部门要重点督乡村小学是否做到了因地制宜治理学校。例如，长沙高新区真人桥小学建校已有23年，只有两三年就要拆迁了，学校不可能再建新楼房，目前，学校把走廊布置成了科技长廊，把车库改造成了室内乒乓球场，利用仅有的一个篮球场开展篮球普及教育，在狭小的校园内做到了图书、体育器材、棋类等用品学生随手可拿，把学校能利用的小房间全部用来给学生开设各种社团，这种因地制宜的做法得到了督导评估专家的一致好评。又如推山小学原来是在推山中学的基础上建设起来的，学校占地面积较大，学生活动空间大，该校的足球、篮球活动开展得很好，这也是因地制宜。

乡村小规模学校怎样导？

教育督导部门的重要职责除了“督”，还有“导”和质量监测。笔者认为，每次的《教育督导评估细则》不仅要发挥“督查”的功能，也要发挥“引导”的功能。乡村小规模学校怎么导？笔者认为可导向三个方面：

1. 导向“小而美”

乡村小规模学校一般有比较悠久的办学历史。乡村小学首先应该做到校园环境优美、校园建筑优美、校园文化优美。只要有适当的小投入，就相对比较容易做到。

2. 导向“小而优”

乡村小规模学校目前给老百姓的普遍印象是“小而差”“小而弱”。教育质量差让很多老百姓宁愿舍近求远，把孩子送到乡镇中心小学或城区小学去。因此，把乡村小规模学校导向“小而优”是教育督导部门的重点职责所在，这里的“优”体现在教师素质优、学生素质优、综合办学水平优。例如，笔者2016年7月主动申请，从城区小学来到乡村小规模学校——真人桥小学，来到这里后，在督导部门的指导下，我们旗帜鲜明地提出：办优质乡村小学，育全面发展学生。经过三年的实践，我们创造了很多奇迹：六年级数学教育质量综合评价全区第一名、学校的开学第一课被中央电视台《新闻联播》报道、学生篮球赛全区第三名、学校成为北京师范大学未来学校研究基地等。可以看出，乡村小规模学校在很多方面也是可以超越城区学校的。

3. **导向“小而特”**

乡村小规模学校的特点是地处乡村、学生人数少、班级规模小等，这些可以说是劣势，但也可以转变成优势，可以发展成为区别于城区小学的特色。例如，有的乡村小规模学校把校园周边的中药材种植、现代农业、茶叶研究等发展成为学校特色。真人桥小学根据学校地处高新区的地域特点，提出了“创科技教育示范学校”的目标，开展了一系列科普教育活动。经过三年积淀，目前学校已成为长沙高新区科技教育特色学校、“小而优”特色项目建设学校。

总之，教育督导是促进教育良性发展的一把尚方宝剑，期待教育督导部门把目光聚焦到乡村小规模学校，督促教育主管部门和学校一道，补齐乡村小规模学校的短板，促进教育真正走向“公平而有质量”。

（本文刊于《湖南教育（D版）》2019年第11期，有改动）

11 愿最美好的教育发生在乡村

5年前，当看到学区内一所乡村小规模学校——湖南省长沙市高新区真人桥小学办学质量陷入低谷时，我主动请缨走进这所只有100多名学生、10余位老师的薄弱乡村小学担任校长。

不可否认，当前乡村小规模学校的发展仍是基础教育的难点、痛点。面对这样一所办学条件落后、教师平均年龄偏大、师生士气低落、办学质量欠佳的学校，我没有泄气，反倒被乡村优美的环境、淳朴的孩子所吸引，我相信：只要用心耕耘，乡村教育质量一定不会比城市差。

5年来，真人桥小学师生一步一个脚印前进，学校面貌逐步发生了可喜的变化。我们这所鸟语花香、绿树成荫、空气清新的学校，连续5年被区教育局评为绩效考核优秀等级，办学质量可以与城市学校媲美。学校地处征地拆迁区，很多拆迁户家长本可以把孩子转到城区学校去读书，但不少家长宁愿舍近求远，继续把孩子留在真人桥小学，用行动为学校投下了满意票。学校的发展故事吸引了湖南当地媒体和央媒的注意，也不时有省内外校长考察团来校参观交流。

这一切是如何发生的呢?

体育成为学校的第一学科

我们的校园面积很小，这是一个劣势，但也有一个好处：运动场离教学楼非常近，直线距离只有4米，而教学楼也只有两层，学生进行体育锻炼十分便利。即使是短短的课间10分钟，学生也可以来一小节酣畅淋漓的篮球赛。

我们充分利用这一优势，大力丰富学生课余生活，促进学生身心健康。在学校，篮球、乒乓球、长绳、短绳、毽子等运动器材就放在室外，学生可以自由领取。体育成为真人桥小学的第一学科，不管是男生还是女生，都热爱体育运动；不管是酷暑还是严寒，总有学生在运动场上驰骋。

为了提高学生的运动技能，学校努力创造条件，组织学生参加区里的每一次体育竞赛活动。一次参赛，往往会掀起某项运动的高潮，大幅度提高学生的运动素质。学校连一位专职体育老师都没有，领队和教练一般由我“一肩挑”。5年来，我带领学生参加过全区的篮球赛、羽毛球赛、足球赛和田径运动会等。因为学生人数少，容易组织，学校从不直接指定参赛队员，而是面向每一位学生进行海选，让每位学生都有尝试的机会，也趁机进行一次运动技能全员培训。据统计，真人桥小学有40%的学生参加过区篮球赛，有20%的学生参加过区足球赛或区羽毛球赛。以刚刚毕业的六年级为例，全班16名学生人人都参加过区篮球赛，人人都是篮球队员。这么高的竞技体育参赛率在全区绝无仅有，这样自然产生的篮球班在全区也找不到第二个。

因为学生日常在学校里活动多、身体素质好，有良好的运动基础，所以即使是陌生的运动也很容易“上手”。2018 年长沙高新区篮球赛，真人桥小学六年级有 16 名学生，男生只有 9 个，其中的 7 个男生组成篮球队去参加全区篮球赛，结果打败了六年级有 9 个班 400 多名学生的城区学校篮球队，获得了全区第三名。后来，区教育局把乡村小规模学校单列一组进行竞赛，我们就在其后的比赛中接连拿到了 5 个冠军。

5 年来，我们这所只有百余人的乡村小学，在区学生篮球赛中获得了 5 次冠军、1 次亚军、1 次季军、1 次第 4 名，在区羽毛球赛中有 3 名学生单打项目打进全区 8 强，在区足球赛中获得 1 次亚军、1 次体育道德风尚奖，在区阳光体育大课间比赛中获得 2 次一等奖，在长沙市 2021 年寒假中小学生“绳采飞扬”跳绳竞赛中获全市第 4 名。

为了激励学生坚持锻炼、顽强拼搏，学校花 1000 元在学生每天都要经过的楼梯间角落做了一个体育荣誉展示柜。5 年来，学生在各项体育比赛中获得的奖牌、奖杯已经摆了满满一柜子。目前，真人桥小学约 80% 的学生在国家小学生体质健康测试跳绳项目中达到优秀标准，学生的近视率、肥胖率、因病请假率也明显低于城区学生。

面向个体、因材施教

乡村小规模学校还有一个显而易见的优势：班额小，这使我们更有可能做到“面向个体、因材施教”。目前真人桥小学有 6 个年级，每个年级一个班，每班的人数都在 30 人以下；人数最少的是一年级，共有学生 15 人；人数最多的三年级，也只有 27 名学生。

因为学生人数少，我作为校长把自己定位为全体学生的大班主任，目前已走访了全校 70% 以上的学生家庭，了解每一位学生的个性特点，与家长联合制订孩子的个性化培养方案，为孩子提供个性化教育。我手机上有每一位家长的联系方式，每一位家长也有我的电话，我们的沟通十分便利。

因为校园面积小，我很容易走到每一位学生身边，能叫出每一位学生的姓名。每天早晨，我在校门口微笑着迎接学生；课间，我经常在走廊、操场上与学生谈心；每天中午，我和学生吃一样的饭菜；每天放学时，我到校门口与学生挥手道别，直到最后一名学生安全离校。我对全校每一位学生都比较了解，学生有什么事喜欢主动向我倾诉，甚至忘记带水杯、带卫生纸，学生也会直接跑来找我要……三年级学生小梅要转回老家读书，他说："我多想把张校长打包，带回老家学校！"六年级毕业生小刘说："我不想毕业，只想在真人桥小学继续读完初中、高中。"

在我们小规模学校，因为师生关系密切、交往较多，学生对老师、对学校有深深的亲人般依恋感。我对老师们说："虽然我们学校规模小，办学条件有限，但我们可以更好地做到面向个体教学，更好地把握每位孩子的个性，更好地做到因材施教。"

因为学生人数少，备课时老师有更多的精力去备学生，教具也相对容易准备。科学实验器材每节课可以做到人手一份或两人一份，学生的动手机会更多。

因为学生人数少，老师更容易组织课堂教学，教学方法也比较灵活。学生发言的机会多，小组合作时讨论充分。老师能够做到当面批改作业，当面指导学生，辅导效果更好。老师有更多时间去关注后进生，有更多精力去培养优生，更容易把一只只"小蜗牛"引上树。

因为学生人数少，实行教学改革也更便利。例如，数学老师朱红波从一年级开始就着手培养"小老师"，让"小老师"当助教；英语老师张文用智能技术辅助英语教学，让乡村的孩子也能听到高质量的领读；科学老师贺娟把科学实验做得量多又有趣，还引入 VR 设备辅助教学，提高学生的科学学习兴趣；数学老师胡佳经常自己录制微课，让学生在家预习、复习……这些变革举措都有效提升了教学质量。近年来，真人桥小学在全区教学质量监测中位居前列，获得了家长、同行的一致好评。

因地制宜发展学校特色

来到真人桥小学，你能够看到小小的校园十分整洁优美。30 年树龄的樟树、桂花树、玉兰树，见证着学校的发展历程，花坛中一年四季鲜花盛开，处处绿树成荫、鸟语花香。

我刚调入学校，就立刻把自己的孩子从城区小学转过来。我是校长，也是一名家长，我对自己的学校充满信心。

我深知，学校办学质量要提高，需要有一支优秀的教师队伍。当时我面对的是一个平均年龄50岁的团队，这是一个无法改变的现实。但我认为，资深教师精力有限却经验丰富，所以我处处尊重他们，学校大事都会先征求资深教师的意见。如今，临近退休的教师依然热情似火，有4位资深教师因工作出色而延期退休。对中年教师，我采用语言上多“夸一夸”、工作担子多“压一压”的做法，激发他们的工作热情。对于青年教师，我尽量多提供锻炼的舞台，多创造研训的机会，使他们尽快练好基本功、学到新技术。5年下来，教师自己也感到惊奇，因为教师队伍除了退休一位补充一位外，其余并没有变化，但老师们取得的成绩却远远超过5年前，“战斗力”明显增强。

有了素质优秀的教师团队，还需要他们去带动学生发展。乡村小学往往缺乏丰富多彩的活动，这是留不住学生的一个重要原因。其实，乡村小规模学校因学生人数少，各种活动更容易组织。我们学校每周有一次升旗仪式、一次主题安全教育课，每学期有一次外出研学旅行活动。每年固定时间举行系列主题活动：3月是创客节和学雷锋活动月，4月是阅读写作节，5月是艺术节，9月是科技节，10月是体育节，11月是学科活动节，12月是社团活动展示节。这一系列活动推进了素质教育，促进了学生德智体美劳全面发展。5年来，学校一天天进步，逐步在学科教育、体育教育、科技教育、艺术教育、传统文化教育等方面走在全区前列，实现优质发展。

我们根据学校地处高新技术产业开发区的特点，提出“树科技教育特色”的目标。学校从重视科学课入手，每年3月举行全员创客节，9月举行科技节，做到面向每位学生。每学期学校组织学生深入高新企业研学一次。教师主动运用智能技术备课、上课，评价教学效果。有了这一系列的举措，学校的科技氛围日趋浓厚，成为长沙高新区首批科技教育特色学校、高新区“小而优特色项目”建设学校。

为了让学校适应新时代发展，近年来我们这所小小的学校花费了少量资金，做到了无线网络全覆盖，添置了智能跳绳、智慧体育器材共享小屋、智能身高体重测试仪、智能路灯、智能水泵、VR、机器人、无人机、3D打印机等教育教学设备，供师生使用，初步构建了校园智能环境。

当然，我们也存在一些乡村小规模学校的普遍性困难，例如人才匮乏、人手有限、教师结构性缺编、办学条件受限等。政府为了帮助我们解决上述困难，将一所城区优质学校与我们学校结成“校联体”，实现“人、财、物、事”四统筹。我们缺少音、体、美教师，对口帮扶我们的雷锋新城实验小学就派教师全职支教或走教；我们人手有限，雷锋新城实验小学就派教师来帮忙；我们缺少足球场，老师可以带领学生去城区学校踢球……这些举措，有效解决了我们的实际困难和后顾之忧。

综上所述，当乡村教育的短板被补齐，优势被充分发挥出来，“最好的教育在乡村发生”这个梦想就一定能够实现！

（本文系全国教育科学“十三五”规划教育部规划课题“中小学三养教育[自然养生、实践养德、经典养心]综合实验研究”[课题编号：FHB160538]、湖南省2020年规划课题“面向智能时代的乡村学校教学方式变革策略研究”[课题编号：XJK20BJC037]的研究成果，刊于《人民教育》2021年第21期，有改动）

主要参考文献

[1]李振村，朱文君，陈金铭．为什么是抚松：中国乡村教育再造[M]．北京：教育科学出版社，2011.

[2]许秋璇，吴永和．教育数字化转型的驱动因素与逻辑框架：创新生态系统理论视角[J]．现代远程教育研究，2023，35(2)：31-39.

[3]朱永新，袁振国，马国川．科技发展与教育变革[M]．太原：山西教育出版社，2021.

[4]赵凌云，胡中波．数字化：为智能时代教师队伍建设赋能[J]．教育研究，2022，43(4)：151-155.

[5]赵丹，曾新．国外农村小规模学校的发展策略及政策启示[J]．外国教育研究，2013，40(8)：71-78.

[6]杨东平．建设小而优、小而美的农村小规模学校[J]．人民教育，2016(2)：36-38.

[7]雷万鹏，张雪艳．论农村小规模学校的分类发展政策[J]．教育研究与实验，2011(6)：1-11.

[8]任春荣，左晓梅．日本乡村小规模学校发展经验及对我国的启示[J]．外国中小学教育，2019(4)：38-45.

[9]韩春花．韩国农渔村小规模学校合并政策研究[D]．长春：东北师范大学，2011.

[10]王道俊，郭文安．教育学[M]．7版．北京：人民教育出版社，2016.

[11]李森，杨正强．论教师的教学方式及其变革[J]．当代教师教育，2008(1)：33-37.

[12]沈小碚，罗章．论智慧教育视域下教学方式的变革趋势[J]．教师教育学报，2021，8(2)：57-65.

[13]郭华．教学方式变革要在“转化”上下功夫[J]．人民教育，2022(11)：1.

[14]何克抗．中国特色创新型教育信息化理论与实践[M]．北京：人民教育出版

社，2019.
[15]谢永宪. 数字资源长期保存研究[M]. 上海：上海世界图书出版公司，2011.
[16]杨文正. 数字教育资源优化配置模式与机制创新[M]. 北京：科学出版社，2018.
[17]黄荣怀，陈庚，张进宝，等. 论信息化学习方式及其数字资源形态[J]. 现代远程教育研究，2010(6)：68-73.
[18]李森，张鸿翼. 当代中国乡村教育研究[M]. 广州：广东教育出版社，2018.
[19]韩春花，孙启林. 韩国农村小规模学校合并政策实施效果及对策研究[J]. 外国教育研究，2010，37(11)：10-15，28.
[20]周仕雅. 欧美国家农村公共财政制度及典型做法[J]. 浙江经济，2005(15)：39-41.
[21]刘宇佳. 优质师资赋能乡村教育：俄罗斯"泽姆斯基教师"计划多维审思[J]. 比较教育研究，2022，44(5)：70-77.
[22]於琦. 21 世纪美国联邦政府农村教师支持政策研究[D]. 金华：浙江师范大学，2020.
[23]王丽雅. 发达国家农村小规模学校布局调整政策的比较分析：美国、英国、日本、韩国四国案例分析[J]. 课程教育研究，2018(2)：21-22.
[24]宋文娟. 农村小学小班额教学的优势[J]. 林区教学，2015(8)：123.
[25]展宗艳. 农村小班额教学与城镇标准化班额教学比较研究的实验报告[J]. 科学咨询(教育科研)，2020(3)：93.
[26]朱夏瑜. 新时代乡村小规模学校教师教学困境与提升路径[J]. 内蒙古教育，2021(18)：17-21.
[27]赵文军 . 农村小规模学校课堂教学中的"同动同静"复式教学模式探究 [J]. 西部素质教育，2018，4(6)：218-219.
[28]黄荣怀. 人工智能变革教育已成全球共识[J]. 中国教育网络，2019(6)：28-29.
[29]余胜泉. 互联网+教育：未来学校[M]. 北京：电子工业出版社，2019.
[30]戴馨，吴亮，廖雨婷. "人工智能+教育"：融合与冲突的路径探索[J]. 中国教育信息化，2020(11)：57-61.
[31]邹太龙，康锐，谭平. 人工智能时代教师的角色危机及其重塑[J]. 当代教育科学，2021(6)：88-95.
[32]肖启荣. 人工智能时代教学变革的"三维一体"[J]. 教育理论与实践，2020，40(13)：61-64.
[33]朱永新. 未来学校：重新定义教育[M]. 北京：中信出版社，2019.
[34]MOJAPELO S M，DURODOLU O. Information and communications technologies in library

facilities in disadvantaged rural schools in South Africa: Lessons from Limpopo province[J]. Education for Information, 2022, 38(2): 113-131.
[35]雷朝滋. 教育信息化：从 1. 0 走向 2. 0：新时代我国教育信息化发展的走向与思路[J]. 华东师范大学学报(教育科学版)，2018，36(1)：98-103，164.
[36]谢艳梅. 农村中小学现代远程教育资源应用研究[D]. 武汉：华中师范大学，2007.
[37]黄娅. “数字学校”支持乡村小规模学校的路径研究[D]. 重庆：西南大学，2017.
[38]吕丹. 技术支持的乡村教师专业发展研究[D]. 徐州：江苏师范大学，2017.
[39]孟性菊. 网络学习空间支持下的乡村教师研修模式构建研究[D]. 贵阳：贵州师范大学，2017.
[40]陈红军. 教育云平台在乡村小规模学校教学中的应用研究[J]. 求知导刊，2022(23)：23-25.
[41]钟柏昌，刘晓凡. 国家中小学智慧教育平台如何贴近用户需求[J]教育家，2022(24)：38-39.
[42]范国军. 希沃白板在小学语文教学中的应用[J]. 中小学电教(教学)，2022(5)：31-33.
[43]钱晋萍. 希沃白板视域下的小学数学高效课堂策略[J]. 天津教育，2022(25)：71-73.
[44]周晨璐. 利用希沃白板提高小学英语课堂教学效率[J]. 中小学电教(教学)，2022(8)：34-36.
[45]王琦，何伟，王海波. 构建中小学在线智慧体育教学新模式的研究[J]. 中国现代教育装备，2023(6)：5-7.
[46]张天娇，乜勇. 小学智慧体育课程的模式构建与实践研究[J]. 教育信息技术，2023(Z1)：75-79.
[47]李彩霞. 小学体育智慧课堂教学策略研究分析[J]. 数据，2022(1)：121-123.
[48]袁振国. 教育数字化转型：转什么，怎么转[J]. 华东师范大学学报(教育科学版)，2023，41(3)：1-11.
[49]李方. 现代教育研究方法[M]. 6 版. 广州：广东高等教育出版社，2016.
[50]张志杰，冯超，李士萍. 教育科研方法[M]. 北京：北京师范大学出版社，2018.
[51]周诗珏. 教育科学研究方法[M]. 长春：吉林文史出版社，2021.
[52]李森，崔友兴. 社会变迁中的乡村教育[M]. 福州：福建教育出版社，2017.
[53]黄胜利. 中国乡村教育发展报告 2021[M]. 北京：社会科学文献出版社，2021.
[54]何国华. 陶行知教育学[M]. 广州：广东高等教育出版社，1991.

[55]吴洪成，蔡晓莉. 梁漱溟中国特色乡村教育理论的建构及其现实意义[J]. 教育史研究，2019，1(1)：159-174.
[56]王克勤. 论城乡教育一体化[J]. 普教研究，1995(1)：6-8.
[57]褚宏启. 城乡教育一体化：体系重构与制度创新：中国教育二元结构及其破解[J]. 教育研究，2009(11)：3-10，26.
[58]吴式颖，李明德. 外国教育史教程[M]. 3 版. 北京：人民教育出版社，2015.
[59]黄荣怀，王运武，焦艳丽. 面向智能时代的教育变革：关于科技与教育双向赋能的命题[J]. 中国电化教育，2021(7)：22-29.

附 录

附录 1：乡村小规模学校可持续发展情况调查问卷

尊敬的校长：

为详细了解当前我国小学生人数在 200 人以下的乡村小规模学校发展情况，促进教育公平而有质量，为各级教育部门提供决策参考，现拟对贵校基本情况进行一个简要调查。本次调查仅用于科学研究，所有资料都将保密，与任何评价无关，敬请如实回答。

十分感谢您的配合。

北京师范大学智慧学习研究院

2020 年 5 月

一、学校基本概况

1. 您的学校名称是(　　　　　　)，位于(　　)省(　　)市(　　)县/市/区(　　)镇/乡/街道(　　)村/社区。学校现有小学生(　　)人，教师(　　)人。是否设有幼儿园？是/否。如有幼儿园，有幼儿(　　)人，幼儿教师(　　)人。

2. 学校共(　　)个班，小学各年级人数：一年级(　　)人；二年级(　　)人；三年级　(　　)人；四年级(　　)人；五年级(　　)人；六年级(　　)人。

3. 除校长外，学校还设有哪些中层岗位?

4. 学校是不是采取复式教学？是/不是。

二、小学师资力量(不含幼儿教师)

1. 有编制教师(　　)人；无编制教师(　　)人。

2. 有教师资格证(　　)人；无教师资格证(　　)人。

3. 45岁以上(含45岁)的教师(　　)人；45岁以下的教师(　　)人。

4. 男教师(　　)人，女教师(　　)人。

5. 专职音乐教师(　　)人；专职美术教师(　　)人；专职体育教师(　　)人。(此处的专职为主要上音乐、美术、体育课的教师)。

6. 教师周课时最多的(　　)节(不含早午自习、课后服务)，校长周课时(　　)节。

7. 学校有市级骨干教师(　　)人，县(区)级骨干教师(　　)人。

8. 能熟练并经常运用信息技术辅助教学的教师有(　　)人，基本不用信息技术辅助日常教学的教师有(　　)人。

9. 学校能正常开设下列学科吗？语文(　　)、数学(　　)、英语(　　)、科学(　　)、音乐(　　)、美术(　　)、体育(　　)、道德与法治(　　)、信息技术(　　)。

三、学校办学条件

1. 学校有校车吗？有/无。

2. 学生课外阅读的图书是否充足？是/否。

3. 数学、科学、美术、体育等学科教学仪器是否充足？数学(　　)科学(　　)美术(　　)体育(　　)。

4. 学校有标准篮球场(含两个投篮篮板)(　　)个，有乒乓球台(　　)个，有足球场(　　)个，羽毛球场(　　)个，排球场(　　)个。

5. 学校有无下列功能室：科学实验室(　　)、电脑室(　　)、少先队室(　　)、音乐教室(　　)、书法教室(　　)、心理咨询室(　　)、创客教室(　　)录播教室(　　)、能容纳全体学生集中就餐的食堂(　　)，其他(　　)。

6. 教师做到了人手一台办公电脑吗？是/否。

7. 每个教室都有可正常使用的班班通设备吗？是/否。是电子白板+电脑/一体机/电视机+电脑/投影幕布+电脑/其他。

8. 学校是否通过了市标准化验收(或合格学校验收)？是/否。如果通过了验收，是(　　)年通过的。

9. 学校是否开展了创客教育？(　　)。

10. 学校是否有智能设备？有/无。如有，是(　　)。

四、学校后勤保障

1. 学校是独立法人单位吗？是/否。学校有独立的财经账户吗？有/无。

2. 当地教育局分配到学校的生均经费是(　　)元/年。

3. 学校的办公、办学经费充足/缺乏吗？是/否。

4. 学校要为教师自筹奖励绩效吗？如要，每年每人大约要自筹(　　)元。

5. 校长要不要外出去筹措办学经费以弥补学校经费不足？要/不要。

6. 学校有没有与城区或集镇优质小学建立网络联校？是/否。如建立了，与(　　)学校建立了网络联校，主要与城区或集镇小学同上(　　　)课。

7. 互联网技术给学校带来了哪些帮助？辅助教学(　　)；协助管理(　　)。

8. 学校有没有与城区或集镇中心小学结成办学联盟？如有，城区或集镇学校给学校带来了哪些帮助？(　　　　　)。

9. 学校是否成立了课外社团？是/否。如有课外社团，开设了哪些课外社团？(　　　)。

10. 学校是否开展了课后服务？是/否。如果开展了，参与的学生共有(　　)人。

11. 教师与家长的日常沟通，主要是通过微信/QQ。学校层面是否经常有计划发些家庭教育建议给家长？是/否。教师现在还主动开展家访吗？

是/否。

12. 在职在编教师每月的乡村补贴是(　　)元；无编制教师每月的平均工资(　　)元，无编教师工资由(　　)负担。

五、办学成就与困惑

1. 您在本学校担任校长(　　)年了，您在学校办学有哪些典型办学成绩？请具体列举一些。

2. 在办学过程中，您遇到的最大困难是什么？请具体说说。

附录 2：乡村小规模学校的校长和教师访谈提纲

（一）乡村小规模学校校长访谈提纲

尊敬的校长：

十分感谢您为乡村教育的真情坚守与默默付出，为详细了解我们乡村小规模学校的教学现状及办学经验，现需要耽误您 20 分钟左右的宝贵时间，十分感谢您配合与支持。

1. 了解校长基本情况：年龄、工龄、在该校任校长的年限、现任教学科、学历背景等。

2. 了解该学校基本情况：学生人数、教师人数、学历结构、年龄结构、教学硬件条件等。

3. 据您平时的观察，您学校的教师一般是如何备课、如何组织上课？常用的教学方法有哪些？怎样评价学生的学习质量？

4. 现在我们已经进入智能时代，有了新技术的支持，您学校现在的教学有哪些新变化？您学校最满意的一个教育信息化应用案例是什么？

（二）乡村小规模学校教师访谈提纲

尊敬的教师：

十分感谢您为乡村教育真情坚守与默默付出，为详细了解我们乡村小规模学校的教师教学现状及教学经验，现需要耽误您 20 分钟左右的宝贵时间，十分感谢您的配合与支持。

1. 了解教师基本情况：年龄、工龄、现任教学科、学历背景等。

2. 在工作中您一般是如何备课、如何组织上课？常用的教学方法、评价学生的方法有哪些？

3. 现在我们已经进入智能时代，您觉得现在的各种新技术对您的教学带来哪些变化？您最满意的一个新技术应用案例是什么？

附录3：乡村小规模学校国家智慧教育平台应用情况调查问卷

尊敬的校长/教师：

您好，十分感谢您为乡村教育事业做出的巨大贡献。国家中小学智慧教育平台已于2022年3月28日正式上线了，为了解该平台对小学生人数在200人以下的乡村小规模学校的实际作用，敬请您花几分钟时间填写该问卷。谢谢您的合作。（本问卷仅限200人及以下的小学校长或教师填写）

北京师范大学智慧学习研究院

2023年2月

一、学校基本情况

1. 您学校所在地：［填空题］

____

2. 您的学校名称（填某乡镇或/街道、某小学）：［填空题］

____

3. 贵校现有小学教师人数：［填空题］

____

4. 贵校现有小学生人数：［填空题］

____

5. 贵校小学阶段有几个班？［单选题］

○1个班

○2 个班

○3 个班

○4 个班

○5 个班

○6 个班

6. 贵校现有小学教师中 45 岁以上(含 45 岁)教师人数：[填空题]

____

7. 贵校目前教室里面的班班通属于哪一种？[单选题]

○智能一体机

○电脑+电子白板

○电脑+投影幕布

○其他

8. 贵校教室的班班通设备使用情况如何？[单选题]

○教师经常使用，学校维修维护及时

○设备不太好用，教师偶尔使用

○设备故障多，维修等待时间久

○教室还没有电教设备

二、贵校国家中小学智慧教育平台使用情况

1. 您对国家中小学智慧教育平台的各个栏目及功能了解情况如何？[单选题]

○A. 非常了解

○B. 比较了解

○C. 了解一些

○D. 了解一点

○E. 不了解

2. 您觉得国家智慧教育平台上线以后，对您学校有帮助吗？[单选题]

○A. 有很大帮助

○B. 较大帮助

○C. 有一些帮助

○D. 有一点帮助

○E. 没有帮助

3. 您使用国家智慧教育平台的频率：[单选题]

○A. 每天都用

○B. 经常使用

○C. 偶尔使用

○D. 很少使用

○E. 暂时没用过

4. 国家智慧教育平台有九大应用场景，如自主学习、教师备课、双师课堂等，目前贵校或您自己主要用到了哪些场景？[多选题]

□自主学习

□教师备课

□双师课堂

□作业活动

□答疑辅导

□课后服务

□教师研修

□家校交流

□区域管理

□暂未用到以上场景

三、对平台的意见与期待

1. 您觉得该平台哪些地方做得非常好？请简要列举 1-2 个做得好的栏目或地方。如不熟悉请填无。[填空题]

____

2. 您觉得该平台哪些地方还需要改进？如无意见可填无。[填空题]

____

3. 贵校是否应用了专递课堂模式（指城区教师上课，乡村学生依托直播

系统同步参与的模式)？如有，请简要介绍一下使用情况，说说优点与不足。如没有，请填无。[填空题]

____

4. 在教育信息化或智能技术应用方面，贵校是否还有其他值得推广的好做法，来促进教育均衡？如有，请简要说说。如没有，请填无。[填空题]

____

5. 您的联系电话。如果您愿意研究者深入了解贵校的先进经验，您可以留下电话。如不愿意，请填无。[填空题]

____

附录 4：真人桥小学学生健康状况和居家学习质量调查

感谢您能抽出几分钟时间来参加本次答题，现在我们就马上开始吧！

(一)孩子健康状况

1. 学生姓名

2. 年级

○一年级

○二年级

○三年级

○四年级

○五年级

○六年级

3. 您孩子近期是否核酸检测阳性或抗原检测阳性？

○是的

○否

4. 2022 年 12 月 7 日以来，孩子未进行检测确诊，但有过新冠或感冒症状

○是的

○一直没有新冠或感冒症状

5. 近期您孩子是否曾因新冠住院？

○没有住院

○住过院

6. 您孩子是否有因新冠重症(指需要住 ICU 治疗)？

○没有

○是

7. 您孩子的同住人员家庭中，除孩子外，12 月 7 日以来共还有(　　)人出现了感冒症状。

(二)孩子居家学习情况调查

8. 居家学习期间，孩子的学习情况如何？

○能自主认真学习，学习质量与在校学习差不多

○能认真学习，但学习质量没有在校学习效果好

○孩子依赖性强，在家长的督促下才能认真学习

○孩子身边没有家长陪伴，孩子在白天无法完成在线学习

9. 居家学习期间，孩子的生活情况如何？

○已经习惯了居家学习状态，使用手机或平板有节制

○学习之余，能自主进行体育锻炼、做做家务劳动等

○有点焦躁不安，除学习之外，其余事情懒得动

○孩子身边没有家长陪伴，易沉迷手机游戏或刷视频

10. 2022 年度，您觉得学校哪些地方做得好？

○注重学生全面发展

○体育工作抓得好

○音乐、美术、科技教育都有特色

○其他

11. 2023年度，您觉得学校哪些地方需要改进(没有请填无)：______。

12. 您发现自己的孩子有(　　)个优点，如：______。

13. 孩子父亲学历情况：______。

14. 孩子母亲学历情况：______。

后　记

城乡校联体，携手同提质

2012 年 9 月，长沙高新区教育局宣布，为了更好地促进城乡教育均衡发展，雷锋小学与地处乡村的桥头小学、真人桥小学实行捆绑发展。当时雷锋小学、桥头小学发展得非常好，唯独真人桥小学近几年的教育局综合评价排名总是在全区后面。

2015 年 8 月至 2016 年 7 月，我在雷锋小学任业务副校长。2016 年 7 月 1 日，我主动走上了竞聘讲台，主动申请到地处乡村、教育资源非常薄弱的真人桥小学任校长。经教育局考核，决定安排我到真人桥小学任校长，就这样，我从城区“攻回”了农村。

2016 年 7 月 7 日，我带上我的爱人和孩子来到真人桥小学了解情况，破旧的校舍、阴暗的教室、落后的设施是给我的第一印象。屋顶上、墙壁上还立着一些过时的标语。接下来的整个暑假，雷锋小学教育集团总校长刘丰华和我整个暑假都没有休息，向长沙高新区管委会和高新区教育局汇报情况，请求修缮校舍，添置一些急需设备，重构校园文化。当时雷锋小学的刘丰华校长、李姿伟书记、马建坤副校长和桥头小学的彭玉娜校长等都成了学校的常客，经常过来指导。

有了长沙高新区管委会、教育局和雷锋小学的支持，2016 年两个月的暑假过后，学校旧貌换新颜。重新粉刷了一遍墙壁，修缮了屋顶；全区率先试点在教室里装上了护眼灯，重新设计布置了校园文化设施，添置了五个室外乒乓球台、一套会议室投影设备、蒸饭柜等，配齐了数学教具。

学校最难做的当属校园文化建设，我们全面了解了学校的过去、现在，预测学校的未来。最终确定了学校的办学目标：办一所小而优、小而美、小而特的乡村小学。四个具体目标是：建安全文明校园、创两型示范学校、树科技创新特色、办优质乡村小学。办优质乡村小学是学校的最高愿景，最终体现在学校是平安校园、文明校园、健康校园、书香校园、科技校园，学生身心两健、品学兼优、全面发展。根据这些教育目标，结合学校的历史文化底蕴和所处地域的特点，我们重新设计了学校的校徽、校训、校风、学风、教风。校训是：致远致新、学做真人；校风是：向真、向善、向美；学风是：勤学、乐学、会学；教风是：敬业、专业、乐业。上面这些是学校的顶层设计，对学校的发展至关重要。

2016 年下学期，雷锋小学校长刘丰华给我提出了三个目标：改善条件、凝聚人心、争创一等。教育是一个缓慢而优雅的过程，不是空洞说教、不是立竿见影。为了促进学生发展，我们坚持活动育人。2016 年 9 月，我们成功举行首届科技节，全体老师齐心协力，最后夺得全区首届科技节优秀组织单位的荣誉。10 月 13 日，高新区庆祝少先队建队日主题活动暨雷锋小学片区少先队员代表大会在我校成功举行。11 月举行了首届体育节，12 月举行了学科活动节……

最终，我校在全区 2016 年度学校绩效考核中获得了一等奖，期初的三个目标全部实现。在全体师生家长的共同努力下，学校仅用半年的时间就扭转了乾坤，使学校从上一年的小规模学校的末尾跃升至第一位，可算是学校发展史上的一个奇迹。

2019 年 8 月，为了促进城乡教育优质均衡，长沙高新区出台了组建“城乡校联体”的好政策，我所在的乡村学校真人桥小学与城区优质学校雷锋新城实验小学有缘结成了一个强而有力的校联体。

接下来，我与全体教师一起在真人桥小学奋斗了整整 7 年，见证着学校逐渐由弱变强、由小变大。

重新回大学，幸运遇恩师

2013 年 7 月，我有幸入选长沙市教育局“英才工程”首批培养对象，被选送到湖南大学攻读教育硕士学位。感谢湖南大学教育科学研究院对我在硕士阶段的悉心栽培，感谢姚利民教授、唐松林教授、阳荣威教授担任我乡村教育研究工作室的顾问。书稿定稿时，感谢湖南大学姚利民教授花了好几天的时间全面审阅，做到了不放过任何一个错别字、标点符号，真可谓一丝不苟、细致入微，这种严谨的精神对我的帮助特别大，由衷敬佩，特别值得我学习。没有在湖南大学打下的学习基础和多位恩师的指导，就没有我的今天。

2016 年 7 月，我有幸第二次走进北师大当学员，参加了为期 5 天的“长沙高新区教育管理干部高级研修”项目培训。此时，心中想成为北师大学生的欲望变得十分强烈。“有志者事竟成”一直激励着我。2019 年 7 月，我的梦想终于实现了，不惑之年的我成为北京师范大学 2019 级教育专业博士生。2019 年 7 月 13 日，41 岁的我从长沙打点行装，走进了梦寐以求的北京师范大学，开启了攻读博士的生涯，开启了我人生中难忘的“朝圣之旅”。也正是在此时，让我对教育有了更深入的反思，让我对乡村教育有了更深的情愫。

感谢导师黄荣怀教授 4 年来对我的耐心指导、鼓励与鞭策。我欣喜地发现，我的研究正好与导师的研究相匹配。黄教授当时是联合国教科文组织国际农村教育研究与培训中心主任，我研究乡村小规模学校发展；黄教授担任互联网教育智能技术及应用国家工程实验室主任，我是教育智能技术的爱好者、探索者、实践者。从 2019 年 7 月至 2023 年 6 月的 4 年时光里，感谢黄荣怀教授及其强大的团队成员给了我大量的指导，倾注了导师和团队大量的心血。

感谢黄荣怀教授一路上对我的指导、鼓励与鞭策。特别让我感动的是，从 2022 年 9 月开始，黄教授要求我们每天养成早睡早起的好习惯，启动了“早鸟计划”（又叫学术晨会）。无论工作多忙，如果不是外出，每天早上七点至八点，黄教授都会准时与我们在腾讯会议室相聚，一边吃早餐，一边听学生汇报一天的工作计划或近期研究进展，及时为我们答疑解惑、排忧解难、指明方向。虽然我和黄教授相隔1500多公里，但是，有了互联网技术的支持，我经常可以见到导师，可以与导师面对面交流，这是多么幸福、多么温馨的事！可以说，只要学生愿意学习，教师就会总陪伴在学生身边，可以很便捷地为学生传道、授业、解惑。

黄教授不仅是我的学术导师，也是我的人生导师，给我的人生以全面的指导。黄教授堪称劳动模范，每天七点就到办公室上班，周末和节假日也一样，可谓一心扑在工作上。单说这一点，就深深感动了我，我将以导师为榜样，把毕生精力都投入到教育事业中去。还要感谢北京师范大学为我传经送宝、答疑解惑的一批师德高尚、学富五车的大先生们。各位恩师课堂上传授的知识值得我终生去消化、理解，各位恩师的人格魅力值得我细细去品味、传承。

在乡村小规模学校——真人桥小学工作的7年中，我实现了人生的重大跨越。我以自己所在的乡村小规模学校为研究对象，完成了硕博连读。前3年，在湖南大学导师的指导下，我研究乡村小学家长学校课程实施，获得了硕士学位；后4年，在北京师范大学导师的指导下，我研究智能时代的乡村小规模学校教学方式变革，获得了博士学位。

感恩好时代，温暖乡村路

近年来，从中央到地方，促进乡村小规模学校发展的文件、政策不断出台，促进教育优质均衡和城乡一体化发展已成为国家战略，乡村教育迎来了发展的春天。2021年9月，长沙高新区教育局批准成立乡村教育研究张爱平工作室，全区乡村小学校长有机会聚在一起，共同破解乡村小规模学校发展难题。

感谢湖南省教育厅、长沙市教育局、长沙高新区教育局、湖南湘江新区教育局、浏阳市教育局、湖南省中小学教师发展中心、湖南省教育科学研究院、长沙市教育科学研究院、长沙教育学院，给我提供了很好的研究平台，提供了很多难得的学习机会，让我一次次进步。感谢雷锋新城实验小学刘丰华校长及团队给我的学校给予了巨大的帮助。

在全体师生、家长的共同努力、辛勤耕耘下，我们成功把长沙高新区一所最薄弱的乡村小规模学校办成了一所全国有影响力的优质乡村小学，教学质量可以与城区学校相媲美，学校连续7年获得区绩效考核一等奖，一改往日的颓势与薄弱。

从事乡村教育，虽然辛苦，但又倍感温暖。感谢在真人桥小学与我一起奋斗了7年的同事，你们把最好的年华奉献给了乡村教育。感谢来自全国乡村小规模学校优质发展联盟和长沙高新区乡村教育研究张爱平工作室的校长们，给我提供了很多研究素材。没有同事、同门和同学的帮助与鼓励，我将难以顺利完成如此宏大的研究项目。

在真人桥小学的这7年中，因乡村小规模学校教师配备数量有限，我经常一天当两天用，但总体感觉，这段时光是充实的、难忘的、快乐的、幸福的，是受益终生的。

长沙高新区真人桥小学优质发展的7年，倾注了刘丰华校长的大量心血，他付出了大量的人力、物力、财力支持，并在实践研究、选题、审稿等方面都给予了全方位的指导。

2016年7月至2019年8月，我担任长沙高新区真人桥小学校长，我校与长沙高新区雷锋小学实行捆绑发展，我校又叫雷锋小学真人桥校区，刘丰华校长是雷锋小学教育集团的总校长，一直帮扶着我们。2019年9月至2023年9月，真人桥小学与雷锋新城实验小学结成“1+1”校联体，真人桥小学又称雷锋新城实验小学真人桥校区，刘丰华同志同时担任雷锋新城实验小学和真人桥小学的校长，我担任真人桥小学的执行校长。一路走来，看似我一人在主导乡村教育研究，实际上刘丰华校长给予了真人桥小学全力支持、帮扶、引领，因此，本书也是刘丰华校长智慧教育研究工作室的成果。

2023年9月，长沙高新区真人桥小学已经易地搬迁到投资3.5亿元、占地面积69亩的新址办学，实现了华丽蝶变，开启了优质教育新征程，但真人桥小学依然与雷锋新城实验小学延续着校联体办学模式。

2024年9月，湖南省长沙高新区教育局为了实现区域基础教育优质均衡发展，组建了雷锋小学教育集团，目前成员校有雷锋新城实验小学、雷锋小学、湖南师范大学附属雷锋阳光小学、雷锋真人桥小学、白箬铺镇仁和小学、白箬铺镇古冲小学等六所小学，刘丰华校长担任雷锋小学教育集团的总校长，我们继续行走在城乡教育一体化和优质均衡的道路上。在此，特别致谢刘丰华校长。

还要感谢湖南大学出版社罗红红、方雨轩等编辑细致专业的编校。

路漫漫其修远兮，吾将上下而求索。祝福乡村教育的明天更美好，祝愿“教育优质均衡和城乡一体化”的宏伟目标早日实现。

张爱平

2024 年 10 月 20 日于长沙